传承

Inheritance

郑建宣
郑志鹏
父子物理学家传

Biography of
Father-Son Physicists
Zheng Jianxuan
And Zheng Zhipeng

本书由广西大学资助出版

黄牡丽 莫子浩 罗保华 蒋钦挥 著

$$e^+e^- \rightarrow \tau^+\tau^- \rightarrow e^{\pm}\mu^{\mp} + X$$

广西科学技术出版社

图书在版编目（CIP）数据

传承：郑建宣、郑志鹏父子物理学家传/黄牡丽等
著.—南宁：广西科学技术出版社，2024.8.—ISBN
978-7-5551-2218-0

Ⅰ.K826.11

中国国家版本馆CIP数据核字第20244VG603号

CHUAN CHENG   ZHENG JIANXUAN ZHENG ZHIPENG FUZI WULIXUEJIA ZHUAN
传承——郑建宣、郑志鹏父子物理学家传

黄牡丽　莫子浩　罗保华　蒋钦挥　著

策　　划：梁　志	责任编辑：饶　江　马月媛
责任校对：冯　靖	特约编辑：陶　杰
责任印制：韦文印	装帧设计：陈　凌

出版人：岑　刚　　　　　　　　　　出版发行：广西科学技术出版社
社　　址：广西南宁市青秀区东葛路66号　　邮政编码：530023
网　　址：http://www.gxkjs.com

印　　刷：广西昭泰子隆彩印有限责任公司
地　　址：广西南宁市友爱南路39号　　邮政编码：530001
开　　本：710 mm×1010 mm　　1/16
字　　数：207千字　　　　　　　　印　　张：15.5
版　　次：2024年8月第1版　　　　印　　次：2024年8月第1次印刷
书　　号：ISBN 978-7-5551-2218-0
定　　价：88.00元

序一

收到了广西科学技术出版社传来的《传承——郑建宣、郑志鹏父子物理学家传》电子版全稿，我立马花了两天读了一遍。我和两位传主自1958年相识60余年以来的记忆如潮水般涌来，一幕一幕竟然那么清晰，甚至还保持着当年未减的温度。我很乐意为此书写些感触献给年轻的读者——希望大学生是读者中的主体，也谨借此机会表达我对郑老的崇敬与思念之情。

郑老是我父执（家父赵景员是南开大学教授，与郑老同为中国物理学会理事，也是金属物理专业），而我与郑志鹏、郑志坚兄弟正巧是中国科学技术大学实验核物理专业同班同学。缘此，我在青年时代有较多机会聆听郑老教诲。

二十世纪六七十年代，郑老每次来京我们总能见面，他的所谈从物理学到国家大事无不对我有所启迪。在我大学四年级时，有一次郑老请我和志鹏、志坚一起在中关村食堂吃便饭（那时还要粮票，几乎没有荤菜），我顺手带着刚从隔壁新华书店买的一本超导物理学。郑老问为什么要看这本书，我回答好奇而已。他说，很好，好奇心往往是钻研的开始；还说超导的理论和实验都处于开拓阶段，在高校归于金属物理的领域，未来看好。郑老问，你们几个就快毕业了，向往什么工作呢？我们说希望到科学院或专业对口的研究所工作。那时是由学校分配工作单位的，口号是"服从分配，到祖国最需要的地方去"，个人选择的余地很小。我说人生的方向每三五年会发生一次改变，高中毕业经高考的"碰撞"，我们到了中国科学技术大学，大学毕业又有一次工作分配的"碰撞"，我们三个就天各一方了，这像布朗运动（液珠上花粉的折线运动），花粉是不能自主的。多年后郑老还记得这件事，他说"布朗运动"这个比喻很巧妙，如今在改革开放时代，"花粉"自主前进的能量大得多了，你们赶上了好时代。

"文化大革命"期间，郑老夫妇因为"造反派"的逼迫曾来京躲避，蜗居在一间约十平方米的昏暗小室内，工资也被克扣。他对此不以为意。他十分担心中国教育事业停滞必会给一代人造成难以弥补的损失，更会给今后中国社会发展带来负面影响；他很少谈及个人处境，其心胸宽大令人起敬。

志鹏、志坚两兄弟和我同窗五年，他们毕业后都从事物理专业工作，而我在1984年改换到公务员岗位，但我们几十年来没有中断过交流。我们不仅是挚友，也是畏友，彼此是能够直言相告乃至直言批评的。学习方面，用现在的流行词儿说他俩是"学霸"也挺恰当。大三时开了量子力学课，没有指定的课本，老师是物理所的资深研究员，他讲得深刻清晰，还颇具哲学色彩，可是还是有些同学跟不上老师的节奏，开始叫苦。志鹏和志坚说，泡利、海森堡、费米、狄拉克、薛定谔等人在创立量子理论时都只有二三十岁，我们只是跟着他们的脚印走，怎么会那么难、跟不上？毕业后，郑氏二雄执着专业，屡有国际水平的重大创新成果绝非偶然！

《传承——郑建宣、郑志鹏父子物理学家传》并非只是两位传主的个人传记，他们的故事镶嵌在不断发展的时代中。1928年成立的广西大学由弱到强的故事是中国大学进步史的一个生动缩影。1949年中华人民共和国成立时，全国仅有高等学校205所，在校学生不足 12 万人，而现在全国高等学校已达 3000 多所，在校学生 4000 多万人。中国科学院高能物理研究所从 1973 年成立，1988 年建成对撞机，一路攀登，现在已经与世界学术前沿直接对接。从书中教育和科研的大故事，我们更能深刻理解党中央把科教兴国作为国家发展战略的意义。

在此书出版之际，希望广大读者，尤其是年轻的大学生将两位郑校长作为榜样，学习他们学术求精、胸怀国家的精神。我相信同学们一旦树立一个高的目标，矢志不渝地追求，就必能做出卓越的贡献。

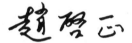

2024 年 4 月 3 日

（作者曾任中共上海市委常委，上海市副市长、浦东新区管理委员会首任主任，国务院新闻办公室主任，中共十六届中央委员）

序二

　　有幸借本书出版的契机，回忆我与郑建宣、郑志鹏父子的一些交往。

　　1952年，大连大学进行院系调整，作为一名在读大学生，我从大连大学转到长春的东北人民大学学习，并从电机系调整到了应用物理系。在大连大学时，我不认识郑建宣老师，他没有教我们的课。这年秋季，东北人民大学一开学，郑老师就给我们开了热力学课程。他是一位性情温和、待人友善的先生，在指导学生方面，有几点让我印象深刻。

　　一是用心教学。郑老师备课认真、勤恳，千方百计找到学生能听懂的话；如果发现学生听不太懂，他就换一种表述，总会让你搞明白。于是，这门很抽象的课也被他讲得生动引人。

　　二是鼓励科研。在正常授课之外，郑老师让我们自愿组成科研小组，他出一些热力学、分子物理学方面的研究题，并给出参考书目。过一段时间，他会听取汇报，进行讲评，以研究带动教学。当时系里的老师中，只有他这样做。这是我平生第一次做科研，不仅锻炼了物理学思维，而且为将来做毕业论文打下了重要的基础。

　　三是善于肯定。在辅导课上，我们汇报研究过程和结果，哪些做得不对，他会耐心地指出；哪些做对了，他立即大声叫好。那种热烈、由衷的态度让我们很受鼓舞，由此提升了我们搞物理科研的兴趣和信心。加之我们从余瑞璜老师（郑老师的同学）那里得知，郑老师也曾师从诺贝尔物理学奖得主威廉·劳伦斯·布拉格（W.L. Bragg）教授，因此我们对郑老师敬爱有加，乐于接受他的引导。

毕业后，我留校任助教，全力参与X射线金属物理专门化实验室的建设，非常忙碌。而当时郑老师的课程没有实验环节，所以往来变少了。而后，我们先后离开东北人民大学，各自奔忙，听说郑老师回广西大学做了副校长。很多年以后，我因为某些机缘去到在南宁的广西大学，郑老师已经不在，是高龄的师母接待我的。

再说郑志鹏先生。在长春时，我们没有相识。后来在北京工作，我从事低能物理研究，他做高能物理研究工作，领域交集不多，但是我们有过项目合作。当时要建立北京超导研究中心，其间他介绍自己是郑老师的儿子，于是我们开始了交往。我觉得志鹏的性格很像他的父亲，为人实在，有少数民族同胞特有的那种憨厚、和善、客气，在物理学圈子里是引人夺目的。在工作上，我也高兴地看到了他的成绩和才华。

本书的两位主角郑建宣老师、郑志鹏先生和我都有人生交集，是我的良师、益友。衷心祝贺本书出版，并希望广大读者能从书中汲取营养和力量，共同为建设教育强国、科技强国做出积极贡献。

是为序。

陈佳洱

2023年8月28日

（作者是核物理学家，中国科学院院士，曾任国家自然科学基金委员会党组书记、主任，北京大学校长。2022年与郑志鹏等同获首批中国物理学会终身贡献奖）

目

录

上篇

郑建宣

郑建宣（1903.6.28—1987.6.25），广西宁明人，壮族。著名教育家、金属物理学家，我国合金相图研究领域的开拓者之一。曾任广西大学副校长、广西壮族自治区政协副主席。

郑建宣1928年毕业于武昌大学，1933年8月被广西大学保送赴英国曼彻斯特大学留学，师从威廉·劳伦斯·布拉格（W.L.Bragg）教授（诺贝尔物理学奖获得者）和布拉德利（A.J.Bradley）教授，获硕士学位。其间他研究得到的铝钴合金结构参数，是全球该物质第一个测量值，至今被国际金属界公认和采用。

1936年回国后，郑建宣先后担任广西大学教授兼数理系主任、理工学院院长；1951年赴东北任教；1958年广西大学复办，任主管教学科研的副校长。20世纪60年代初，他亲手创建了广西大学金属物理研究室。

郑建宣在晶体结构分析、合金相图测定、X射线衍射研究等领域取得了丰硕成果，做出了重大贡献，多次获得国家级和省部级奖项。他曾担任中国物理学会理事、中国物理学会相图专业委员会第一届主任委员、中国物理学会X射线衍射专业委员会顾问、广西物理学会理事长和名誉理事长等职。

在教书育人方面，郑建宣培养了大批本科生和研究生，当中有院士4名、大学教授和校长一批。他的学生也成了我国金属物理、相图研究相关领域的骨干。

郑建宣在科学和高等教育领域的成就，得到了党和国家的高度评价，其传略被编入国家重点图书出版规划项目《20世纪中国知名科学家学术成就概览》一书。

郑建宣1982年加入中国共产党，为第三届全国政协委员，第四届广西壮族自治区政协副主席，民进中央委员、民进广西区委会副主任委员，第三、第四、第五届全国人大代表，第四、第五届广西壮族自治区人大代表。

第一章　从桂西南走来

边陲少年

郁郁桂南，悠悠山川。展开广西地形图，西南部有上下两条河流像燕子尾翼一般展开，一曰右江，一曰左江。右江源出云贵高原，经百色城逶迤流往东南，古来是滇黔山货土产运往桂粤的水路要道；左江源于桂南十万大山及若干条跨国境河流，流域多在崇左市。两江在南宁西郊汇为邕江，浩荡东去。左江支流明江之畔的宁明县，与越南接壤，面积有3705平方千米，是崇左市面积最大的县，也是广西陆地边境线最长的县。

壮族人口占八成以上的宁明县虽地处边陲，但自古以来并不封闭，而是中原与交趾（今越南）交通往来的要地。这里古老而神奇的花山岩画是迄今世界上画面最集中、单幅面积最大的岩画，现在已是世界遗产。它是怎样画上去的，用什么颜料绘制的，至今仍是未解之谜。

1903年（光绪二十九年）6月28日，在宁明县城南华街的一个乡村私塾家庭里诞生了一个男婴。他天庭饱满、耳大鼻阔，煞是可爱。父亲郑辞章大喜过望，希望他能子承父志，将来也做一名受人尊敬的乡村教师，遂给他取名建宣。当时大清国内外交困，狼烟隐约，皇权摇摇欲坠，仿佛注定这个孩子将要经历更多。

清代末期，西风东渐。越南是法国的殖民地，与之接壤的宁明、龙州等地受其影响，地方官府相应重视文教，各种教育机构得以增设，宁明地方文风为之一振。

开蒙之后的郑建宣展现出很高的文化天赋。在父亲的影响下，他对数学尤感兴趣，11岁时就解答出了老师们争论不止的一道数学题，让人非常惊讶。

旧时讲求耕读传家，郑辞章还要求郑建宣读《史记》这套郑氏几代人的传家宝。郑建宣很用心，半年内就完成了阅读，还改正了书页上伯父点错的句读。

郑建宣16岁时已是眼界大开。他沿着弯弯曲曲的山路走出了宁明县城，循江来到当时的广西省会南宁，考入了有名的省立第三师范学校，接受更为现代的教育。

民国初年，广西有三所省立师范学校，分别是东部梧州的省立一师、北部桂林的省立二师和南部南宁的省立三师。这三所学校均采用全国统一的中等师范教材，学生入学即享受公费待遇。不难理解，省立三师是桂西及桂南地区聪慧且奋发的壮家子弟投考的热门学校，一时间人才辈出。除了郑建宣，中华人民共和国开国少将吴西、历史学家黄现璠、社会活动家张报、化学家赵佩莹等，均为省立三师相同或相近时期的壮族知名校友。

1924年，郑建宣、赵佩莹分别从省立三师本科第一部的第四班和第三班毕业，恰逢国立武昌师范大学来邕招生，两位均被录取。这可不是寻常的成绩，因为当时该校在邕招生的名额只有两个，对于壮族人来说，尤其难能可贵。郑建宣后来回忆说："我们山里人讲壮话，说的和学的不一致，到南宁才学讲汉话。做学问真难啊！"[1]

国立武昌师范大学致力于培养中小学教员，其前身是近代中国第二所高等师范学校——国立武昌高等师范学校。郑建宣入学时，该校兼备文理科，留日物理学教授李渭农（李芳柏）为物理系系主任。

---

[1] 见覃光恒《教育为人　为人师表——怀念壮族著名科学家、教育家郑建宣》，载于《广西日报》1987年10月10日版。

著名数学家陈建功也给郑建宣授过课。当时30岁的陈建功教授留日归国不久，发现这个广西少年有数学专长，遂用心辅导。果然，郑建宣微积分考试拿了99分。后来1958年师生在复旦大学开会时相逢，陈教授还特意在会上提到了昔年这个优秀的学生。

在郑建宣入学这一年，这所学校更名为国立武昌大学。两年多后该校与他校合并，名为国立武昌中山大学。到1928年，这所学校演变为国立武汉大学。这时，郑建宣已经学成离开武汉，来到位于广西梧州的省立第一师范学校执教，但他只任教了一年。

1929年春，蒋桂战争爆发，广西财政入不敷出，该校并入了同在梧州的省立第二中学，成为其高级部（高中部）。到1931年夏，因环境变化，高级部又独立为省立第四高级中学。在那里，郑建宣工作出色，获得了学校特别颁发的固定聘书。也是在那里，一个更为阔大的校门悄悄地向郑建宣敞开了，新创于梧州蝴蝶山的广西大学与年轻、优秀的中学教师郑建宣结下了缘。

西大创校

说起广西大学的创办，要追溯到1925年"新桂系"统一广西军政之时。省内兵燹暂息，各项建设开始提上议事日程，其中包括以实用科学为基础的教育事业。广西大学便是在这样的背景下开始筹建的。时任广西省主席的黄绍竑在其自传《五十回忆》中说到了创办广西大学的缘由。

十六年的冬天，我在省府会议提议创办广西大学。当时虽有人以广西中等教育尚未发达，似不宜即办大学为言，但我觉得一省里面，没有一所大学以领导促进文化的责任，总是一种缺憾。而且广西学生要进大学，非到广东、北平或上海不可，也就太不经济、太不体面了。所以我不顾他们的议论而径行决定。

至于新校校址选在梧州蝴蝶山的原因，黄绍竑说是"取其交通便利"：本省籍学生皆可顺流而下，外地籍教授亦可溯西江而直达。另外黄绍竑还称，也想以此纪念这个他在进兵梧州、驱逐"旧桂系"时的登陆地点。

确实，梧州拥有优越的水陆交通，有浔桂两江在此交汇，是粤桂两省水陆交通的咽喉。城市工商繁荣则是广西大学、省立一师及多所省立、私立中学能附丽于梧州的重要经济条件。

1927年，广西省政府在梧州蝴蝶山开始筹建广西大学，并公推11人任筹委会委员。其中，时任广西省主席的黄绍竑任委员长，马君武任教务主任，盘珠祁①为委员兼美洲特派员。

广西大学筹备工作大致就绪，省政府乃聘马君武为首任校长。马君武担任过广西省省长，且是上海大夏大学（华东师范大学前身）的首任校长，还曾任北京民国大学校长、国立北京工业大学校长和中国公学校长。马校长学识通古达今、中西并蓄，是中国获得德国工学博士学位的第一人，也是最早把进化论学说系统介绍到中国来的学者。此外，他对植物学、动物学、力学、矿物学、农学、经济学以及哲学、社会学、文学都有一定涉猎，是辛亥革命前后重要的启蒙思想家，被称为"东方卢梭"，周恩来评价其为"一代宗师"。

梧州的广西大学，校门叫"双十门"，也称"大学门"。校门正面横刻"大学之道"，背面横刻"双十门"。校史上认为广西大学的开学时间是1928年10月10日。

---

① 盘珠祁，1884年生，籍贯广西容县，留美农科专家。获得容县同乡黄绍竑赏识，曾任广西省建设厅厅长、教育厅厅长。

廣西大學開學　黃浩然攝

廣西大學之雙十門

梧州西大校门（载于《良友》1928 年第 31 期）

蝴蝶山上风光秀丽，游客如梭。这所新生的大学被简称为"西大"。王力先生说："从前'广东大学'简称为'广大'，'广西大学'只好简称为'西大'。"①

马校长有心办名校，就一定要请到名师。他认为大学有如金字塔，底座愈坚实巨大，就愈能竖起雄高的塔尖；大学师资水平愈高，就愈能培养出拔尖的学生。为此，他不惜奔走四方，在全国范围内延揽名师。

随着生源的接续，西大本拟开办文、理、农、工、矿五科（后因师范专业应独立设置，遂废文科），并在开学时先招预科学生三百

① 见王了一著《龙虫并雕斋琐语》之《简称》，1949 年 1 月版。

多人。没料到刚刚创校一年，因桂系在蒋桂战争中战败，粤军入梧而被迫停办。

一年多后的1931年5月，粤桂言和，粤军退出梧州。9月15日，广西大学终于实现了复课。复课第一天，马校长发表了题为《广西是不是需要高等教育》的演讲。他类比瑞士、日本等国情况提出，广西要朝前看，总是要设立高等教育的。针对有人认为"大学是贵族教育"，他说未必如此，欧洲革命打倒了贵族，却并不关闭大学；西大不是培养大少爷的地方，不是来城里看影戏上茶馆的地方，要崇尚高深的学问，并努力结合生产劳作，形成好的学风。马校长委实是如此推进西大建设的，他倡导"锄头主义"，推行劳动教育，要求学生脱下长衫，上山挖土担泥，进校办工厂、农场实践。

那一时期进入西大的青年助教受到了创校先驱们的风范影响，当中就包括来自省立第四高中的郑建宣。

慧眼识才

广西大学创校伊始，按照通行做法，从本科学历层次的青年当中甄选助教，逐步培养擢升。

这些青年既可以是本校留校的毕业生，也可以是外校的毕业生，包括已在中学任教、表现优异、拥有一定教学经验的青年教员。郑建宣就是以这样的方式被马君武从省立第四高级中学甄选到西大任助教的。

那时的马校长是一个瘦高个子，常年着布衣长衫，戴一副金边眼镜，整天锁着眉头，琢磨着如何将好不容易创办的西大建设好。

马校长喜欢巡校。夜间，学生们只要看到一盏灯笼上山，就知道是马校长要来了，自习时都不敢作声，不敢偷懒。学生向他提出数理化的问题，他能答的就当即解答，不能答则说"我明天晚上答复你"，并且言而有信。马校长还经常去到学生宿舍，问学生有什么困难教师讲得怎样。由于特别用心，他能将三百多名学生的名字逐个叫出来。

对教师，尤其是年轻教师的工作态度、水平与人品，马校长更是了然于心。

根据郑公盾《马君武纪事》[①]一文记载，郑建宣原是高二年级的教师，教学上有一套办法，1931年暑假已经获得中学的续聘。马校长从土木系主任等人口中得知郑建宣是个人才，决定请他到西大任教，只是月薪为140元，比省立第四高中的月薪180元少。但有一好处，在西大教书两年有成绩的，将获保送到国外深造。郑建宣便退了省立第四高中的聘书，到西大任教。马君武得知他是宁明县人后，说自己认识的宁明县人都有才学，对他们印象很深。郑建宣在西大教数学、物理，成绩甚佳。1933年暑假，他被"放洋"赴英国留学。

据说，马君武巡校时，曾经遇到郑建宣深夜在图书馆阅览室埋头备课，对这个勤奋的青年教员印象深刻，又从各方面听到别人对他的称赞——备课认真仔细、授课条理清晰、为人诚恳热情且谦虚稳重，于是认定郑建宣是可造之才。

郑建宣的一篇回忆文章中也曾提到过马君武对其教学能力的肯定。有一天，郑建宣到办公室找马校长，恰好土木系主任苏鉴轩教授在场。马校长对苏教授说："你别看郑先生老实，他教课最得学生欢迎。教那个班的教师全是教授，只有他是助教，但学生最喜欢他。我准备明年暑假送他去英国留学。"[②]

那一时期，西大外派留学的青年教员前三位分别是杭维翰、郑建宣和熊襄龙。杭维翰毕业于北京工业大学，熊襄龙毕业于金陵大学农学院，他们和郑建宣情况类似，都是西大复办后入职的青年

---

① 载于《一代宗师马君武》，中国科学技术出版社，2019。
② 见郑建宣《怀念马君武》，载于《广西日报》1981年7月18日版。

教员。

之后被外派留学的青年教员还有余克缙、徐震池、汪振儒、叶培、秦道坚。八位被外派教员本科几乎都毕业于外校（除了秦道坚），都很聪明勤奋；皆研习自然科学，匹配当时西大的理工科定位；皆为桂籍，将来学成或许更有意愿服务家乡广西。

郑建宣后来多次向子女和学生说："作为宁明县的壮族子弟，我一无靠山，二无背景，马校长让我留学，完全是他任人唯贤之举。"马校长爱才、奉公的拳拳之心，对郑建宣影响至深。

杭维翰、郑建宣赴英留学纪念（第一排左二郑建宣、左三马君武、左四杭维翰）

1933年冬，郑建宣与留英广西籍同学合影

（左起依次为罗超、郑建宣、杭维翰、马健民、韦超、罗锦春）

收获爱情

从省立第四高中到广西大学，郑建宣收获了一份终身不渝的爱情。夫人王耀珪是他的学生，婚后也是他的生活助理、学术秘书，更是他的忠实"粉丝"。从梧州相识到桂林良丰共同生活，从抗战时期逃难到融县、榕江，再到桂林、长春和南宁，除了郑建宣留英的三年，王耀珪一直在郑建宣身旁，相濡以沫五六十年。

王耀珪，1911年9月15日，即辛亥革命前夜出生于广州。父亲是节制广州周边数县的武官。母亲叶瑞青，籍贯广东佛山，身材高挑，王父驻守当地时与其相识。武昌枪响，清朝突然败亡，王父做不成官了，便携叶氏及子女回原籍广西全州县城赋闲。王耀珪九岁时，父亲不幸去世，只留下两间房子。

叶氏是二房，又是"外来户"，没有外家靠山，生活拮据，便卖了一处房产，自己守着相距一公里处的街边青瓦房，拉扯着两个孩子。

进入民国时期，社会新风吹拂，女孩也可以读书。王耀珪书念得很好，且思想活跃，追求进步，崇尚民主和科学。她也爱好文学，喜欢读鲁迅、胡适的作品。

王耀珪初中毕业后考上了梧州的省立高中，不久就确立了身边的偶像——青年物理老师郑建宣。年轻的郑老师笑容可掬，和蔼近人，能把深奥的物理讲得妙趣横生，在篮球场上又洋溢着青春活力，给王耀珪留下了深刻的印象。而郑建宣也很喜欢这个端庄、聪慧的女学生，于是两人开始了师生恋。

1931年8月，郑建宣被聘到广西大学任物理助教。次年王耀珪高中毕业，考上了广西大学数理系。那时的西大数理系既有微分方程式、函数论、向量分析、非欧几何、数论和群论等数学课程，也有水力学、光学、音学、电磁学、无线电、应用电学、相对论等物理学课程。在西大，郑建宣依然是王耀珪的老师，王耀珪的学习成绩也依然名列前茅。

郑建宣1933年照片（载于《1933年
西大预科班毕业纪念册》）

1930年王耀珪与郑建宣及家人合影
（左起依次为王耀珪、郑母、郑建宣、郑炯宣）

1932年，这一对师生两情相悦，结婚了。那年，郑建宣28岁，是助教；王耀珪21岁，念大一。结婚一年后，女儿郑韵萍出生。女儿还未满月，郑建宣就被马校长选送英国留学。当时马校长问他："你有家有口了，还要不要去？"郑建宣回答："去吧，这么难得的机会，饱含着广西父老的期待。"

郑建宣离开后，王耀珪不得不终止大学学业以便照顾孩子，并返回她的中学母校——广西省立第四高级中学校，找到了一份工作，有了一份经济收入。

后来郑建宣归国，他们的二女儿韵芝，儿子志鹏、志坚相继出生。再后来又添了两个女儿韵兰和韵蓉。郑建宣的工作越来越繁忙，夫人王耀珪一直承担照顾丈夫、抚养儿女的繁重责任，最终未能完成大学学业，她一辈子引以为憾。

广西省立第四高级中学校校门

负笈英伦

回到1933年秋，郑建宣留英深造物理学。

晚清西学东渐，近代物理学传入中国。中国的大学普遍开设物理系和物理课程，物理学成为显学，相关人才又继续奔赴美欧深造。其中留英学生的研习方向多为国内缺乏而英国有优势的领域，如光谱学、X射线、宇宙射线等。1933年郑建宣赴英国留学，研习的正是X射线。

在物理学史上，X射线的发现常常被视作现代物理学革命的序曲。1895年，德国物理学家伦琴在暗室里进行电子管放电实验，偶然发现了看不到的辐射能让一米开外涂有氰亚铂酸钡的荧光屏感光。深挖这个现象，伦琴发现了X射线，并获得1901年的首届诺贝尔物理学奖。这种辐射现象用专业的话来说，就是高速运动的带电粒子忽然减速时，会向四周辐射电磁波，其中定向运动的电子忽然打到某些靶物质上，就产生了X射线。

这种穿透力极强的射线首先被用于医学拍片，勾勒体内相应状况，为诊断病情和制订手术方案提供可靠依据，例如军医借此确定体内弹片的位置和创伤情况。英国曼彻斯特大学的物理学家威廉·劳伦斯·布拉格（小布拉格），则将该射线用于晶体研究。晶体是日常应用广泛的固体材料，所有的金属都属于晶体，其微观成分的排列具有周期性，有固定的熔点，有特定的对称性。

在X射线被应用以前，人们缺乏手段来探究晶体的微观构造。而X射线可以实现穿透，以此放大拍照和显影，从而可以从纹理分布及明暗等信息，辨识其原子层级的、可精确到埃（纳米的十分之一）的微观组成规律，进而解释该晶体的强度、硬度、韧性、熔点等理化属性。如果将几种晶体熔铸到一起（常见为合金），会显示出不同的物相，意味着有新的性能和用途。制作金属相图后来成为郑建宣毕生从事的科研工作内容之一。

曼彻斯特大学是英国的一所老牌名校，郑建宣踏入校门之前，它就已经存在了上百年。截至目前，该校共有25位校友获得诺贝尔奖，其中物理学奖最多，包括1915年布拉格父子获奖。获奖时小布拉格年仅25岁，这个年龄纪录迄今无人打破。

老布拉格（William Henry Bragg）　　小布拉格（William Lawrence Bragg）

　　此次获奖也使得小布拉格教授工作的曼彻斯特大学，在二十世纪二三十年代成了全球X射线晶体学研究的学术中心。能够来到曼彻斯特大学跟随小布拉格学习X射线晶体学，成为当时全球很多年轻物理学者的梦想。有三名中国学生实现了这个梦想，他们就是郑建宣、陆学善①和余瑞璜②。

郑建宣在英国留学（载于《余瑞璜传记》，左三郑建宣、左四余瑞璜）

---

　　① 陆学善（1905—1981），籍贯浙江湖州，1928年毕业于中央大学物理系，1933年毕业于清华大学研究生院，1936年在曼彻斯特大学获博士学位，并于年底回国。
　　② 余瑞璜（1906—1997），籍贯江西宜黄，1928年毕业于中央大学物理系，随后在清华大学任教。1935年考取庚款留英公费生，1937年在曼彻斯特大学获博士学位，1939年回国。

郑建宣曾跟学生说到布拉格父子的这个故事。某次，布拉格父子俩在一起钓鱼，突然从水纹的波动中获得启发——可以通过衍射条纹来倒推晶格的间距。两人大喜过望，立即甩掉钓竿奔向实验室，结果找到了突破的方法。

郑建宣还记得，小布拉格教授平易近人，没有一点大科学家的架子，对学生的生活关怀备至，但在学习、科研方面又要求甚严。郑建宣在完成论文期间，由副导师布拉德利教授（1899—1972）负责具体指导，但他每月要向小布拉格汇报一次，以在科研方法、实验技术等方面获得补充指导。

郑建宣的英国学业属于一个宽进严出的合作培养项目，对他来说，语言是一个瓶颈。民国时期的中国大学虽然普遍重视英语，但是学生的英文尚不能达到可以直接跟英国人做先进的实验和参与学术讨论的水平，听、说能力尤见窘迫。

为了快速提升自己的英语交流能力，郑建宣采取了一个做法——周末看连场电影。当地人看过一遍也就散场了，而郑建宣不走，继续看第二遍，算是复习，还不用再交票钱。这也是郑建宣后来跟他的研究生聊到的故事。

在曼彻斯特大学学习三年，郑建宣先后拿到了学士学位和硕士学位。学士学位是读研的基础，当时英国的大学似乎不太认可留学生在中国国内的本科学历。让郑建宣获得硕士学位的主要成果则是首次测定钴-铝合金 Co_2Al_5 的晶体结构。

2015 年在纪念布拉格父子获诺贝尔奖一百周年之际，中国科技史学者尹晓冬、何思维以"劳伦斯·布拉格在曼彻斯特的三位中国学生"为题，在《大学物理》杂志刊文介绍郑建宣、陆学善、余瑞璜三人在曼彻斯特大学的学习研究经历，当中说到了郑建宣的此项研究课题。

1908 年怀格尔（A.G.C.Gwyer）发现，钴-铝合金可以形成一种金属化合物，化学式为 Co_2Al_5。郑建宣以此为研究对象，在导师的带领下，利用 X 射线衍射技术，首次测定了该化合物的晶体结构，包括标定其衍射线指数，确定所属晶系，得到该晶体的空间群，并巧妙确定了该晶体的原子分布。

后来，追随郑建宣研究金属物理的西大物理系教授陈荣贞评价说："在 20 世纪 30 年代的设备条件下，要分析出这样复杂的结构，难度很大。"

1998 年，中国科学院院士、金属物理学家郭可信在《物理》杂志发表文章《铝与过渡金属准晶的近似晶体相——纪念陆学善、郑建宣的开创性论文发表 60 周年》，评价道："陆学善和郑建宣是我国射线晶体结构研究的先驱和学科创建人，他们的早期研究工作对后来的合金相结构及准晶的研究有重要影响……郑建宣在 60 年前发表的用 X 射线粉晶法测定的 Al_5Co_2 晶体结构，不但在 50 年代为其结构基本相同的 $Al_{10}Mn_3$ 及 Al_9SiMn_3 的研究奠定了基础，而且近十年来又作为二十面体准晶的一些大单胞近似晶体相中最主要的结构单元，而对它们以及二十面体准晶的结构测定起了关键作用。"

1938 年 8 月，郑建宣与副导师布拉德利将这一研究成果（即郑建宣的学位论文《合金 Co_2Al_5 的晶体结构》）发表在国际著名的学术期刊德国《结晶学》上，公布了相关结构参数，展示了对该物质的全球第一个测量值。由于方法独到、测量精度高，相关数据先后被美、日、法等国的国家标准局收录到晶体数据库。A.泰勒（Taylor）所著《X 射线金相学》（1961 年版）一书引用了这一结果。美国粉末衍射标准联合委员会 1977 年出版的《粉末衍射文献》一书，仍采用了这一研究成果，并且它是该书 Co_2Al_5 晶体结构的唯一数据源。

当然，此研究的质量和价值，小布拉格教授早已了然于心。对于郑建宣的另一篇论文，他也极为满意。他对即将完成硕士学业的郑建宣说："如果你再读一年，完成另一篇文章，就可以授予你博士学位。"

这时已是1936年，郑建宣接到了马君武校长的一封电报，祝贺他顺利完成学业，又提示他原定的留学期限已到，可以准备返校了。按照马校长先前的规划，留洋三年间，教员照领原薪；不敷的海外用度，可向校方借款，归国回校后逐步归还，作为其他人留学的开支，如此周而复始。

如今来到三年期满的当口，郑建宣何去何从？一别三年，妻女渴盼他回家团聚。虽然也可以把妻女接过来，但是家里老人就没人照顾了。另外，如果归期延后，自己将失去西大的经济接济，无法专心读书。再考虑到广西经济落后，自己理当赶紧回报家乡父老，郑建宣终于拿定主意：回去吧，立即动身。

没有留下来继续读博士，这是郑建宣深以为憾的一件事。那时回到国内，确实没有攻读高层次学位的机会了。回国时，郑建宣的行囊里装着一本布拉德利的专著，他也不知道回去之后还能不能继续深研这门课程。

第二章　西大峥嵘岁月

学成归校

　　1936年秋，郑建宣从欧洲回国，他坐轮船到上海看望恩师马君武。当时马君武已卸任西大校长，为省当局赴南京联络西大改国立等事务，中途经停沪上。据郑公盾《马君武纪事》记载，郑建宣三年留学期间，马君武每年都写一封信鼓励他，顺带讲他家中的情况，让他安心学习。郑建宣回国后，相继收到了中山大学、武汉大学的聘书，遂来征求马君武的意见。马校长说："应在西大终生服务。"就为这么一句话，郑建宣便在广西大学执教了近半个世纪。

　　该文还称，郑建宣先生回忆，他刚归国，马校长一见到他，便双手紧紧捏住他的双臂，像父亲见了孩子一样，高兴地说："你很胖啊，净喝牛奶吧！"说着哈哈大笑起来。后来，马校长还花了5元钱招待郑建宣等人，这在当时是高消费了。

　　另有资料记载，郑建宣还收到了香港以及新加坡等地大学聘书，马君武当即对他说："你是广西人，用广西的钱留学，怎么能不回广西？"说罢，他提笔给西大校领导写信，推荐这个三年前西大部署培养的青年俊彦。于是，在1937年5月出版的西大毕业纪念册上的教员名单里，"郑建宣"条目又出现了。

　　职别：数理系教授
　　籍贯：广西宁明
　　通讯地址：宁明县南华街二十一号
　　……

被迫离梧

南方的战争阴霾越发浓重，1936年9月广西省府从南宁迁往桂林。原先拟设在南宁的西大校本部及文法学院，在这年10月也改迁至桂林南郊的良丰乡雁山村西林公园（1937年2月至1938年9月曾暂栖于桂林城内的李子园）。理工学院和农学院暂时留在梧州。理工学院由原理学院（含数学系、物理系及化学系）、工学院（含土木系、机械系及采矿专修科）合并而成，院长为留美博士、化学教授李运华。

郑建宣回到梧州后，在理工学院数理系讲授普通物理课程。时任数理系主任的为物理学家章元石（又名章昭煌）。当时西大办有一本双月刊《金属》，但内容主要是矿学家谈论采矿和冶炼，学校并无设备条件开展精细的X射线金属研究。

郑建宣在梧州任教两年后，广州沦陷，西大理工学院也屡遭日机侵袭。梧州是两广咽喉之地，虽然治安严明，但是发生较大战事时，又总是难于免祸。1938年八月至九月间，理工学院共遭受日机四次空袭，分别在8月11日和26日、9月2日和19日。宿舍、食堂、水塔等处被炸毁，有学生死伤。当时旅经梧州的作家靳以、巴金，对西大理工学院被炸都有切近的见闻和记录。几十年后，梧州蝴蝶山上还保留有一幢西大旧建筑，它被日机投掷的一颗未爆弹砸出了一个大窟窿。

1938年10月，西大理工学院被迫匆忙迁往桂林大埠乡，次年10月迁入校本部所在的良丰西林公园。1939年11月，日军在钦州湾登陆，南宁陷落了。

鼎盛桂林

西林公园原名雁山别墅、雁山花园，为清代大埠乡乡绅唐岳所建，后转归晚清名臣岑春煊。岑春煊的籍贯为广西西林，时称"岑西林"。20世纪20年代岑春煊将该园捐公给广西省政府，该园遂被更名为西林公园。该园周长约五千米，园内景点有青罗溪、相思洞、红豆小院及九曲亭榭，青柏夹道、奇花热烈。山上林木茂密，山间水洞传说曾为南明皇帝的秘密行宫。月白风清之夜，花香流溢，水波盈盈，煞是浪漫。

因为抗日战事，西大机构相继迁入西林公园，整个桂林也因此成为名噪一时的后方"文化城"。是时，省外大面积国土沦陷，大量难民涌入广西，来到桂林。随后欧洲和东南亚陷于兵燹，侨民纷纷归国，进入后方。除了零散难民，不少机关、学校、工厂和团体也整体迁来桂林。

对那些旅桂的科学界、文教界名流学者，西大向他们展开了温暖、厚实的双臂，他们也乐得捧起西大提供的饭碗。一些原计划继续内迁的名教授愿意暂留桂林，在西大短期兼课，与西大结下了教缘。学生方面，翻开彼时的西大同学录，可见大量学生的籍贯为江苏、上海、广东、湖南、湖北等战区或沦陷区，与梧州时期的情况已大不相同。

在举国抗战的背景下，西大在组织流离师生方面的作用独到，1939年8月由省立改为国立。可以说，西大改国立一事，争取教育部资金是动力，战时师生全国化是条件。教育部的说法则是"为适应西南环境需要，造就抗战建国必须之人才起见"。

不幸的是，西大改为国立后，马校长仅任职一年，1940年8月即因积劳成疾导致胃病发作而去世。其后有雷沛鸿、高阳、李运华先后担任校长，直至抗战胜利，西大皆见英才荟萃。这里主要说说数理系的师资，先看1940年的情况吧。

谢厚藩教授（理工学院院长），授物理课及物理实验，53岁，籍贯湖南新田。他毕业于英国伯明翰大学，曾担任东北大学教授、广东省立勤勤大学教授。

潘祖武教授（数理系主任），授近代物理及高等物理课，籍贯福建崇安，39岁。他从北师大毕业后，留学德国多所大学和研究院，与量子力学矩阵表述奠基人海森堡是同班同学。他曾在北京大学、北京师范大学等多所学校任教，曾任武汉大学理学院教授兼物理系主任。

张镇谦教授，授数学课，籍贯浙江嘉兴，39岁。留法，先前担任过中央大学等校教授。

陈杰教授，授数学课，籍贯四川简阳，41岁。留法，曾任中山大学教授。

袁志纯教授，授热学、物理、物理实验课程，籍贯福建崇安，42岁。留德，曾任教于北京工业大学、武汉大学、安徽大学。

雷瀚教授，授流体力学、电磁学，籍贯福建上杭，38岁。曾是福建省向法国选送少年班的留学生，曾在法国两所大学就读，回国后担任过武汉大学、安徽大学等校教授。（雷瀚的儿子后来在“文化大革命”中帮助过郑建宣夫妇，后文另述。）

郑建宣教授，授理论物理学、光学课程，籍贯广西宁明，时年37岁。

从这份教授名单可见，郑建宣是当时数理系最年轻的教授。

1941年8月，雷沛鸿校长调离，高阳接任并重聘教职员，郑建宣教授开始兼任数理系主任。

在高阳校长治下，郑建宣能获聘系主任，看来确实要讲求学问和管理的能力，因为高校长是个"较真"的人。《却顾所来径——广西大学校友在香港》一书记录有一则故事。抗战时期的西大学生庄国华，在香港沦陷后和弟弟来到桂林，弟弟上高中，他投考西大电机系。为增加录取把握，他辗转托情，求得桂籍军政大员李济深的一纸介绍信。没想到，高阳校长抱病阅完后，竟把信揉成一团，扔到废纸篓里，对庄国华说："现在西大还在招生，你可以来投考的。"庄国华尴尬离开，后投身考场，幸而也中榜了。此事可见高阳校长的公正和认真。高校长1942年12月病辞，1943年7月不幸逝世，李运华任代校长、校长。

郑建宣的教学水平确实一直为学生称道。青年学子虽未具备高深学问来评价老师的学术程度，但能感受到老师讲课的能力与态度。当时的学生陈太一说："郑老师备课很认真，概念辨析得清晰，讲解答疑很有耐心，因此虽是使用英文教材，有一定难度，但自己还是学进去了。乱世学业也能打下坚实的物理学基础，对以后的事业非常有益。"陈太一后来成了国内知名的雷达专家、中国工程院院士，这是他在参加西大北京校友会活动时跟郑建宣的儿子郑志鹏提到的。

往后战火延烧，数理系的教员名单有一定的变化。约编印于1942年6月的《国立广西大学校刊》第五卷第三期显示，数理系时有教授郑建宣（兼系主任）、张镇谦、陈杰、衷志纯、秦珦、顾静徽（女），副教授彭先荫、林绳庆、冯钟泰。理工学院的教员名单第一位是名誉教授李四光，第二位便是郑建宣。另外未见谢厚藩或其他院长出现，看来此时谢院长已经辞职，院长职位暂缺。

1943年初，雷瀚、卢鹤绂、丁绪宝先后被聘为数理系教授。

雷瀚教授，福建省上杭县人，1919年考取勤工俭学赴法留学，曾在法国里尔大学、巴黎大学学习土木工程、电学。1927年回国，曾一度被任命为南京工务局工程师。1943 年被广西大学聘为教授，讲授高等数理课程。之后曾任安徽大学理学院院长、北京师范大学教授。

卢鹤绂教授，祖籍山东莱州，1936 年毕业于燕京大学物理系，同年赴美国明尼苏达大学研究院留学；1943 年 2 月到 1945 年春任教于西大。回国后他先是任教于中山大学，后随校避居于靠近湖南的广东省乐昌县坪石乡。当时粤北状况也是危如累卵，而儿子卢永强才七个月大，于是有同学建议他到条件更好的广西大学去。这时郑建宣知道他的情况后，果断地通过高阳校长向他发出了聘书。

卢鹤绂一家到达桂林后，郑建宣赶到车站迎接，并设宴为他们洗尘，后又安排他们到新建的数理馆教室（在雁山脚下，与西林公园隔路相望）暂住。不久，学校新宿舍子实楼建成，卢鹤绂一家移居号称"岭南第一名园"的西林公园。在这里，如果情势不甚紧张，夜间发电室能用内燃机发电，有电灯供学生自习、教师备课。这里设施条件比坪石好，卢鹤绂还与中央研究院物理研究所①的丁燮林、施汝为等同道相识，后来成为至交。当时，卢鹤绂安心工作，给西大二年级学生讲授力学，给四年级学生讲授量子力学和近代物理。

时隔五十年后的 1995 年春，卢鹤绂在上海江湾路寓所接待了来自中国科学院高能物理研究所（简称"高能所"）的郑志鹏。当年卢鹤绂在西大任教时，郑建宣的长子郑志鹏才三岁。忆及故人郑建宣，卢鹤绂感慨万分地说道："郑先生为人忠厚热情、心胸开朗，把我们外来的教授团结在一起。虽然那时生活清苦，处在战乱时期，但是大家共事愉快，心情舒畅。那段时间给我留下了永久的回忆。"

---

① 中央研究院（简称"中研院"）1928 年 6 月正式成立于南京，是民国时期的国家最高学术研究机构，首任院长为蔡元培。华东抗战爆发后，中研院各研究所纷纷迁至西南，且往往一迁再迁。其中物理研究所、地质研究所、心理研究所曾迁至桂林良丰。

两人足足聊了三个小时。郑志鹏离开时，卢鹤绂不顾腿脚不便，坚持要送老友的儿子下楼。岁月悠悠，深情可鉴。

丁绪宝教授，籍贯安徽阜阳，在美国多所大学留学多年，是一位实验物理学家，历任中央大学、浙江大学物理教授，担任过教育部督学。他哥哥丁绪贤是留英的化学教授，也在这时期的西大任教。

这一时期西大数理系还有吴敬寰教授、汤璪真教授、谢毓章副教授。

吴敬寰教授是燕京大学物理学硕士，曾留燕京大学任助教，来西大前他在山东大学。

汤璪真教授是留德的微分几何和非欧几何学专家，在西大迁至榕江期间担任过教务长。汤璪真还是毛泽东的同乡、小学同学。中华人民共和国成立后他担任过北京师范大学教务长，毛泽东曾经亲自登门造访。

谢毓章教授，当时在西大教无线电课程，后来留美。他1957年回国，成为清华大学物理教研室的台柱之一，是我国液晶物理学理论工作的开拓者。

以上皆是曾在西大专职任教的教员。1940年"专任教授"这一称谓开始出现在西大教授列表当中，意味着同时还存在灵活聘请的非专职教授，例如在西大兼课的梁漱溟、李四光等名誉教授或兼任教授。在数理系，非专职教授有丁燮林、施汝为两位学界名流。

丁燮林，籍贯江苏，1914年赴英国伯明翰大学攻读物理，回国后曾担任北大物理系主任、中央研究院物理研究所首任所长。抗战时期他作为该所所长、随所迁至桂林。丁教授最特别之处在于"跨界"，既是物理学家，又是中国现代文学史、戏剧史上留名的文艺人士。

施汝为，中国近代磁学的奠基者和开拓者之一。中华人民共和国成立后，他长期担任中国科学院物理研究所所长。1958年任中国科技大学技术物理系首任主任，是中国科学院数理化学部委员。先前提到的西大专任教授顾静徽，乃是施汝为的太太。

以上谈到的数理系教授，有不少人与郑建宣在担任数理系主任后的大力聘请有关。据1998年版《广西大学校志》记载，施汝为、卢鹤绂、吴敬寰等到西大任教，是郑建宣延聘的。据1940年入读西大的徐家鸾撰文回忆，郑建宣还延揽了汤璪真、谢毓章、顾静徽、雷瀚等人。

这些教员被聘请，不仅增强了西大数理系的师资力量，而且让教授们在兵荒马乱之下，能延续物理学的研究，充分发光发热。对郑建宣来说，聘请过程则磨炼和展现了其管理能力。毕竟，这项工作涉及对学科动态的掌握，对教授的学术评价和近况了解，以及沟通协商、维护关系的能力。而校长、院长不一定出身科班，所以往往是系主任在具体操作。

因为地处桂林大后方，且名师云集，国立广西大学对学生的吸引力迅速提升。虽然在马君武、雷沛鸿任校长时期，西大在公路西侧、雁山脚下增建了理工学院校舍，但是仍感不敷应用。

《广西大学校志（1928—1988）》记载，1943年比上年新增在校生751人，增幅前所未有。

这一时期，西大已毕业校友在事业上逐渐成长起来，对抗战及社会建设的参与日见深入。1944年3月的《机工通讯》反映了机械系毕业班同学在广西、湖南等地工厂参观实习的情况。文中谈到，同学们进入修枪造炮的车间、进入建设维护湘桂铁路的工地，时常遇到西大学长。有位黄同学参观了一家"民生炼铁厂"，跟其广东籍罗姓厂长交谈，当罗厂长提起了我们的李运华校长、庄泽宣院长①与郑建宣先生，黄同学感到很亲切。可见这些西大教授也已名声在外。

---

① 庄泽宣（1895—1976），留学美国的教育家，1942年由澳门辗转来到西大，任法商学院院长。

学界结交

1942—1943年，郑建宣参加了中国物理学会的学术年会桂林分会场活动，而这又与中央研究院物理研究所迁来雁山有关。

中国物理学会成立于1931年冬，是在法国物理学家朗之万（Langevin）的倡议下成立的。当时朗之万承担了国际联盟的一项任务，来中国调查了解科教文化事业。在北平时，物理学界的欧美同学会举办聚会欢迎他，大家说中国还没有物理学会，于是他建议成立这个组织。该学会遂于1932年在清华大学正式宣告成立，并开始举行年会。郑建宣的英国导师小布拉格也是该会的名誉会员。[①]

学会招牌是固定的，人员及相关活动则因战事游走。集中了物理学会若干精英会员的中央研究院物理研究所，在淞沪会战后离开上海，四处漂泊，后于1941年与地质研究所、心理研究所一道在桂林雁山落脚。

地处西南的桂林虽然人潮汹涌，但搞科研的硬件设施十分窘迫，缺乏水电煤气和仪器厂，办不起实验室。好在这里交通便利、治安较好，且得到了广西省府的热情支持。据曾在中央研究院物理研究所工作的地磁专家陈宗器回忆，物理研究所从圈地、打图样、盖房子到添置设备，并以汽车引擎发电，筚路蓝缕，至1942年后已能开展工作。[②]

良丰雁山成为国内物理学界关注的新地标后，举办了中国物理学会的分会场年会。1942年，中国物理学会的年会分别在昆明的西南联合大学、重庆的重庆大学、成都的华西协合大学、陕西城固县

---

① 见陆学善《中国物理学会》，载于《科学大众》杂志四卷六期，1948年版。
② 见中国科学院物理研究所编印的《足迹——物理所90周年纪念文集》，2018年版。

的西北联合大学、贵州湄潭的浙江大学、桂林良丰的桂林科学实验馆（该实验馆包含了广西省与中央研究院合作的物理实验室，与中央研究院物理研究所、地质研究所合作的地质矿产研究室）举行了分会。桂林区会议于当年 9 月 26 日上午开幕，为期两天，由湘、桂、粤、赣、闽、浙六省出席会员报告平日实验情况及研究所得。桂林区的主席为丁燮林，文书为林树棠，会计为陈宗器。

　　而到了 1943 年的年会，其他区变化不大，桂林区主席已改为郑建宣，开会地点则改在良丰的广西大学。时媒在预告活动举行时如是写道：

　　【良丰消息】中国物理学会第十一届年会决定在昆明、重庆、桂林三区分别举行。桂林区会包括桂、粤、闽、浙、赣、湘六省，并由该会昆明总会函请丁燮林、颜任光、施汝为、郑建宣、丁绪宝五人为本届年会筹备委员。本届桂林区年会已由筹备委员会决定十一月十三、十四两日，假良丰国立广西大学数理馆举行，各部负责人员名单如后：

　　主席，郑建宣；文书，吴敬寰；会计，雷瀚；会程组，丁燮林、颜任光、萨本栋、施汝为、丁绪宝、陈宗器；论文组，潘祖武、卢鹤绂、顾静徽、赵元、朱恩隆、蔡锦涛；招待组，蒋葆增、潘德钦、冯钟泰、林树棠

　　昨已向各地会员及有关方面发出通知。①

　　桂林区分会场的参会人数不多，大概只有五十多人。会议内容为宣读论文、参观物理研究所，以及讨论如何培养物理人才、如何让理科生与工科生待遇平等等问题。11 月 13 日晚，西大数理学会还特意组织了游艺晚会。可见，桂林区大会基本就是西大数理系在

---

　　① 见《大公报》桂林版，1943 年 10 月 14 日版。

承办。《广西大学校史（1928—1988）》评价道，参加会议执行的"这些当时的著名物理学家，除少数外，其余都是本校的教授，可见西大教授阵容之一斑"。

抗战末期及战争胜利后，西大的外省籍教授陆续离桂，但一直与郑建宣保持良好的关系。至于中国物理学会桂林区会议（中国物理学会桂林分会），抗战胜利后的1947年秋又恢复了活动，由郑建宣出任牵头人。到中华人民共和国成立后中国物理学会桂林分会改称中国物理学会广西分会，1951年正式定名为广西物理学会。

此外，郑建宣还参加了一个名为"中华自然科学社"的学术团体，他的名字出现在1941的《中华自然科学社社友录》中。该团体成立于20世纪20年代，以普及我国科学教育、介绍世界科学知识及发展我国科学事业为宗旨。中华人民共和国成立后，该社团逐步转型，成为中国科学技术协会的前身之一。1950年8月，该社团举办了一次重要的会议——中华全国自然科学工作者代表会议，郑建宣是主席团成员之一。

该社团汇集了全国的科学精英。早在20世纪30年代，郑建宣的同学余瑞璜即是该社骨干之一。该社理事兼学术部主任、化学家曾昭抡是曾国藩的家族后人，后曾担任中华人民共和国教育部副部长和高等教育部副部长。1958年，郑建宣在为落实西大复校而四处奔走、延揽师资期间，曾经以私人交情联系过曾昭抡。

实际上，郑建宣除教学科研外，还经常参与社会事务。比如，抗战时期西大的科技工作者依托个人专门在桂林举办国防讲座时，秦道坚讲《炸药之研究》，赵佩莹讲《毒气与现代战争》，郑建宣则讲《国防与工程》。1949年出版的《桂林年鉴》显示，郑建宣是国立武汉大学桂林同学会排名第一位的校友。可见他是很有影响力的。

坎坷西迁

在进入紧张的桂柳大疏散话题之前，先说几件桂林西大的生活趣事吧。雁山生活之艰苦，一言难尽；师生们苦中经营，饶见精神。

校园里时常有大、小蛇，蜿蜒穿过上下班的必经之路。特别是夜间行路，若有人突然踩到，能吓出一身冷汗。于是夜晚出门，师生们都要一手提着灯笼或油灯，一手拎着木棍，以便遇到蛇时能够马上驱赶。核武器专家卢鹤绂教授怕蛇，这是他在西林公园遇到的唯一的烦心事。

社会学家熊得山教授的儿子熊永深先生回忆："当时我家就在大埠，那里有个西大的先修班，也有些教授为便于躲空袭而搬去大埠住。校车一天至少要在雁山和大埠之间往返两次，大埠墟也随之兴旺了些。只是逢三天才有圩，才有猪肉、牛肉卖。平常日子只能吃素，有时甚至连青菜都买不到。"

数理系张镇谦教授也住在雁山西南面的大埠墟，每每骑着毛驴来校，不知是在开通校车之前，还是因为发车时间难以凑巧，这是当时的学生陈太一回忆的。陈太一还说，当时汤璪真教授与意大利的一位微分几何学者辩论某个理论问题长达数年。

丁燮林教授为应对停电和缺少煤油的状况，发明了新款桐油灯，亮度几乎可匹敌煤油灯。他还别出心裁地在灯上加了一块反光镜。

雷瀚教授与多年的恋人在西大喜结连理，卢鹤绂教授等人唱京剧表示祝贺。

学生方面也有趣事。1942年寒假开始不久，方汝镇同学不知从哪里弄来一套长袍马褂鼓动陈太一穿上，然后两人一道去向老师拜年。先是在校园内看望了卢鹤绂、吴敬寰等老师，然后出西林公园北门到郑建宣、冯钟泰老师家，那是农村老百姓的房子，环境很差。接着，又去到施汝为、顾静徽教授的家，再到丁燮林先生处，一路惹得人大笑不止。

据陈太一回忆，1942年，数理系人丁颇为兴旺。在郑建宣主任的带领下，大家充满了友爱。记得有一次，全系学生每人做了一道家乡菜，然后集中交流，有点像今天的美食竞赛。当时全系同学覆盖了粤、桂、苏、浙、港、澳六地，印象最深的是广西同学做的甜面——把面条煮熟之后加糖。

陈太一还记得，他曾去请地质学家李四光先生来为数理学会做学术报告，李先生欣然同意，并告知报告题目为《地质力学》。另外，他还曾经请丁燮林所长到校做报告。他发现这些专家都相当亲切，并无架子，很好相处。

……

这所有的乱世芳华，在1944年初夏尽数飘散。敌寇发起豫湘桂战役，由北向南进犯湘中，桂林下令疏散。西大当局召集校务会议，决定迁往融县（今柳州市融水苗族自治县）。6月18日长沙失守，时值暑假将近，西大审时度势，提前放假，本省籍学生多数疏散回乡，无家可归的沦陷区同学则准备随校迁往融县。8月23日西大筹备秋季学期招生时，仍标明"以在良丰上课为原则，必要时再图迁往融县"①，但是很快，迁至融县的计划变成现实了。

8月初衡阳失守，敌军进扑湘桂交界处。9月14日，全州陷落。是日，西大最后一批疏散人员启程前往融县。此前，王耀珪带着几个孩子暂居全州县城的外婆家，见情势紧张，于是避往离县城不远的才湾乡大鲁塘村李姓亲戚家。李家是当地大户，高墙深院，外有小溪淙淙，孩子们很是开心。然而大人评估形势，认为还是不能停留，于是郑建宣赶到全州，一家人匆忙赶上最后一班南下的客运火

---

①见《南宁民国日报》，1944年9月6日版。

车回到桂林，而后随校迁徙。

西大师生住在今融水苗族自治县融水镇的下郭村和水东村。见战局稍靖，西大便筹备复课，地址选在城内及河对岸一带的空房，业已培修告成，准备于10月11日至14日注册、16日上课。

这时却传闻桂柳局势趋紧，融县难容。于是有人主张去往宜山（今河池市宜州区），但宜山有桂黔铁路，为战略要道，料想也不能长久。又有人提议去桂西北连接贵州的南丹县，亦未果。时媒《大公报》有题为《广西大学改迁榕江》的报道："国立广西大学迁校问题，前经该校校长李运华与桂省当局商定迁南丹复课，刻因该地不敷应用，现决定迁贵州榕江，并定于十一月初复课。"①

正是在这紧张的关头，数理系主任郑建宣走马上任国立广西大学理工学院院长。

关于就任院长的具体时间，有不同说法。据当时的学生徐家鸾说，他念大二之初，郑建宣仍担任数理系主任，但不久就被任命为理工学院院长。以徐家鸾系1940年入学推算，郑建宣就任院长的时间当为1941年。但是，在郑建宣身边工作了三十年的陈荣贞回忆说，郑建宣是在西大迁至榕江完成以后（1944年底）才担任理工学院院长的。

最权威的说法来自《西大周报》第78期（西大建校20周年校庆特刊），上面刊登有郑建宣所撰的院史介绍文章，可以明确他就任院长的时间是1944年9月。当时西大疏散至融县，校长为李运华。该文还谈到，西大理学院（或理工学院）历任院长依次是马名海、段子燮、李运华、谢厚藩、笪远纶（1943年8月就任）、郑建宣。另据其他材料记载，理工学院院长笪远纶辞职后，1944年7月，校方曾让生物学家彭光钦教授代理院长，但不久彭教授又改任教务处长。

---

① 见《大公报》重庆版，1944年10月21日版。

从融县去榕江县有两条路。一是坐船溯融江北上，到三江县的老堡左转进入都柳江，经富禄、贵州从江到达榕江。这是逆水行船，大船队走走停停，互为顾盼，要走较长时间。二是沿着这条水路边上的羊肠小道徒步行进。这也不太容易，一般而言，青壮年背行李步行要七八天才能到达榕江；如果是结队前行，互相拉扯照应，更是要走十天半月。

人心惶惶之际，一些积极进步的学生在进步教师的支持下，召开学生代表会议，成立了系代表会，组织同学分散到沿江村庄做老百姓的工作，在两天时间内雇得大小船只百余艘，并先行探路。

新院长自有新担当。郑建宣自荐充当先锋队，率筹备人员赴榕江打前站，第一批到达榕江。时为1944年11月9日晚，这是西大校史上应该铭记的日子。第二天，郑建宣院长开始为师生安排住宿，寻找临时上课地点，在榕江县城奔忙开来。

《大公晚报》1944年12月9日二版刊登了西大职员萧治渭的文章，里面记录道：

筹备人员即于十月二十一日乘船出发，由理工学院院长郑建宣先生兼主其事，笔者亦偕行。教授及亲属工警等同行者百余人，合计乘船一十四艘，因上溯及水涨故，途经二十日（平常只需十一二日），迨至本月九日晚安抵榕江。当与地方政府洽商房舍，同行诸人于次日迁入国立贵州师范学校及榕江县立中学暂住。筹备处人员近正加紧工作，应办事项已大致就绪。

在先锋队之后，第二批船只搭载眷属、女生、病员及器具等继续溯江北上，当中包括郑建宣的夫人王耀珪及其四个孩子。青壮年师生则多为徒步进发。

这一拨人没有那么幸运，他们遭遇了在黔桂边境横行作恶的土匪。在卢鹤绂的传记中，记录有他与一位青年体育老师勇于担当，上山游说"山大王"放行西大师生的故事。

传记里面还说道，黔南桂北的原始森林古木参天，郁郁葱葱。每上一处急滩，卢鹤绂教授都帮船家撑船。有一次竟不慎将金丝眼镜打落水中，望着湍急的水流，他无可奈何。

西大师生历经坎坷，终于到达榕江县城，筹备上课。萧治渭的文章还写道：

> 西大自李校长就任以来，整理调度，不遗余力。教务长陈剑翛先生本年十月辞职，现改聘彭光钦先生继任。总务长由张先辰先生担任，训导长尚在教育部令派中。法商学院院长庄泽宣先生辞职后，则由黄中廑先生继任。理工学院院长现为郑建宣先生。农学院院长现为汪振儒先生。教授中的知名之士有汤璪真、雷瀚、郑建宣、丁绪贤、萧津、裘献尊、彭光钦、黄中廑、徐焕、张先辰、白玉衡、陆孝藩、汪振儒、郑庚先生等数十位。闻李校长最近将往筑渝，罗致名教授并将自备校车往来贵阳、三合之间，以利交通。

关于西大到达榕江的具体人数，据徐家鸾的文章回忆，当时有同学已经返乡，有些陆续从军去，但也相继招到新生，计算下来，在校生约莫五六百人。榕江时期入学西大经济系的榕江本地人段前烈撰文称："三大学院的院长，理工是郑建宣，农学是汪振儒，法商先是高鞏白、后是吴求胜。"[1]

---

[1] 见《榕江文史资料》第一辑。

艰苦维持

　　榕江是黔东南的一个山区县，县城水路尚称方便，经济也算富足。城里有两三条像样的街道，是沙合土铺面的马路，每逢赶圩人群熙熙攘攘。山民摆出各式山货，也有穿州过省把全部货物一担挑的外来流动小贩。

　　当时，除了西大，这里还陆续涌来了桂林汉民中学、德智中学和桂林儿童教养院的师生。桂林师范学院师生也曾经途经并暂留，再加上零散难民，县城人口由数千人猛增至数万人，粮食供应一时困难。学生多来自沦陷区，经济来源无着，靠公费维持伙食。教职工收入微薄，虽尽量节衣缩食，但也常忧无米。时媒为流落榕江的师生叫屈道："来到重庆、贵阳的难生，还可领到一点救济费……后方的大学正在上课，他们却在黔桂山林中流亡，所受的苦难最深，而所得的救济却是零……他们是为祖国而受难啊。"①

　　为了活下去，平日传道解惑的教师们顾不得"君子喻于义，小人喻于利"的清高古训，利用假日在圩日上街摆摊，变卖衣服和首饰。当时机械系的学生张孝钲后来在广西大学校友总会的刊物《广西大学校友》发文，提到施汝为教授伉俪摆地摊一事。

　　此时家乡沦毁，长途跋涉，外界联系切断，我已财物全空。秋寒袭人，窘迫至极……记得到榕江后，我还在施汝为先生伉俪摆的地摊上买下一套衣服。可见当时大家的生活都是很困苦的……

---

　　① 见重庆《新华日报》，1945年2月7日版。

其他人见此法尚可，便将富余的学习用品都拿出来摆卖。在学生宿舍附近的中山公园，卢鹤绂把一支心爱的自来水钢笔卖给了军队的一个团长，后来又陆陆续续卖掉了长筒套靴一双、漱洗用具一袋，以及一些旧衣物。[①]

闲置物总会被卖完，往后便要另开生计。有西大家属便做起了既有特色又颇拿手的家乡小吃生意。

电机系主任裘献尊教授，籍贯浙江兰溪。迁徙榕江时，裘教授已在西大执教10年，而此刻贫病交加，于是裘夫人在宿舍门口摆卖汤丸。

作家琼瑶的父亲、著名历史学家陈致平在融县走投无路时，被他的学生、西大助教萧先生推荐到西大，后随西大赴榕江。琼瑶在回忆录里提到，父亲在榕江县城卖过家乡的油炸粑粑。

卢鹤绂教授的妻子吴润辉到附近小山上拾柴草回街边摆卖。她在国外学的是护理学，当过西大校医部护士长，有医学知识，于是连带采集些中草药下山出售。偶尔，卢教授这个研究原子的科学家也会代人捉笔，写写家书和状子。

江西籍的蔡同学已婚，携妻儿一起逃难来榕江。学校发放的一二十元补助金不足以维生，妻子就靠每餐煮些猪肉在学生食堂摆卖赚取蝇头小利，勉力维持。

……

此时的郑建宣教授一家，夫妻俩带着四个孩子，最大的女儿才十二三岁，家庭开支不菲。幸而，当时国际救济会开设有援华特种补助金，补助金面向家庭困难又有贡献的名教授，郑建宣被列为甲等补助对象。《竺可桢日记》1945年3月5日载：

---

① 见《卢鹤绂传》第五章，复旦大学出版社，2015。

晨七点起。上午在房中阅浙大、西大两校教授请国际救济会之特种补助金。计西大选定甲种六万元，有彭光钦、汤璪真、郑建宣、卢鹤绂、汪振儒、李运华、雷瀚等七人；乙种四万元，有骆君骊、翁德齐、涂开舆等三人。浙大因人数太多，一律改为四万元。

竺可桢时任浙江大学校长。浙大在战乱中也是流离颠沛，曾迁广西宜山、贵州湄潭等地。因此，竺校长对西大有惺惺相惜的关注，也是常情。

《卢鹤绂侧影》①一书中提到，在榕江，郑建宣教的是光学、数学物理和接触力学，卢鹤绂教的是量子力学、近代物理、力学。西大教授们不忘肩上担当，要为中华民族保留读书的种子。他们在昏暗的油灯下备课，在大榕树下、破旧庙堂里为学生上课，哪怕一个年级只有一个学生。

当地学生段前烈说，讲授流体力学的物理系冯钟泰副教授一家五口，就租住在段家，房间不足 16 平方米。每晚必等家人熟睡之后，冯老师才在昏暗的油灯下阅读、撰写讲稿，经常工作到深夜。类似这种情况，在其他教师身上也很常见。

学生徐家鸾回忆说："那时我们在一个大庙里上课，郑建宣老师教我们光学，使用英文原版的教科书，内容较深，但经过他的讲解，变得通俗易懂。几十年过去了，至今我还记得课堂的主要内容。"

准确来说，当时已经不存在"我们"，因为该班历经颠簸，眼前只剩下徐家鸾这一个学生了，雷瀚也是给徐家鸾一个人讲授物理数学方法这门课。施汝为教授在离开榕江赴昆明以前，以最简练的方式向徐家鸾传授电磁理论这门课的纲要，为日后他自己钻研等离子

---

① 复旦大学出版社，2011。

体物理学打下了基础……这样的生师比，在古今中外的大学，应该没有第二例了吧。

曾有一段时间，数理系那个班连这根"独苗"也要守不住了：徐家鸾山穷水尽，身无分文，没有饭菜，连带小石子的糙米饭都吃不上。郑建宣教授于是介绍徐同学到西大在榕江办的先修班教数学课，做"钟点工"教师，算是增加一点生活来源。徐家鸾记得，同学孙亨利也接受过郑老师的生活救助。

在西大榕江生活的末期，依据"一寸山河一寸血，十万青年十万军"的动员令，军事委员会设立全国知识青年志愿从军指导委员会，下设各校的征集委员会。郑建宣是西大征集委员会的16位委员之一，主任委员为李运华，副主任彭光钦、汪振儒。在这最晦暗的时刻，中国将迎来胜利的曙光。

榕江冯夷

1945年8月10日，西大师生正在三义宫观看话剧《雷雨》演出，突然得知日本乞降的消息，兴奋不已，当晚与榕江当地人民举行了热烈的庆祝活动。没多久，榕江突发大洪水。此时，身为理工学院院长的郑建宣正在广西柳州招生，榕江家中只有郑夫人王耀珪一人领着四个未成年的孩子。

郑志鹏后来结合妈妈的讲述回忆道："眼看洪水就要进屋了，我们只得往外逃跑。母亲背着弟弟，大姐牵着二姐和我，冒着倾盆大雨往山上跑。路上，一个几乎垂直的高坡挡住了我们。但大家都携老扶幼，各自只顾逃命，没有人顾得上帮助我们，全家孤立无援。恰在这时，几个西大的学生出现了，他们连推带拉把我们四个孩子弄到高处，使我们得以继续往更高处走。过了不久回头再看时，洪水已经没过了我们原先停留的地方。肆虐的洪水追赶着人群往山顶上跑。我们在雨水、饥饿中度过了一天一夜后，终于到达了山顶，把洪水甩到了后面。"

从更多史料来看，这场大洪水发生在8月13日。人们庆祝日本乞降后，连续两日的暴雨终致此日发生了洪灾，据称为当地数十年一遇。县城及附近一些乡镇顿作汪洋，榕江的地理标志——场坝头街数丈高的一棵榕树只能露出一米多高的树尖。

榕江县档案馆所藏《民国档案》里有触目惊心的记载。

本县本年迭遭灾害，入夏以递，天亢不雨，稻种不入，有秋失望。复于八月十三日上午六时，山洪暴发，冯夷为灾，平地水深九丈余，城厢内外之古州、五榕两镇暨县属兴华、八开、八吉、车江等乡俱成泽国。洪波汹涌，不惜墙摧屋倾；骇浪奔腾，勿怜人亡畜死。顷刻汪洋，呼救之声响彻云霄，十四日晨水势始减。统计此次屋宇被其漂流及倒塌者约十分之九，人口死伤二千余人。其他公私财产之损失无法估计。哀鸿遍野，无家可归，嗷嗷待哺，谋生乏术，疮痍满目，惨不忍睹。旱涝交逼，实为本县亘古未有之奇灾也。除由当局设法紧急赈济外，并电中央及省方，请求赈济之。

这一事件，往后当地民间一直称之为"民国三十四年大水"。

整整70年后的2015年8月10日，郑志鹏谈起当年情景，还心有余悸："如果没有那几个西大学生的搀扶，那天我们可要遭殃了。可惜我们连他们的名字也没有记下。"

郑建宣在1948年10月《西大周报》校庆特刊的文章中说："三十四年八一三，本院猝遇洪水，随迁之仪器多为水所浸，教授亦多星散，人员之缺乏为历年所未有。"

事已至此，抗战也已经结束，西大当局决定速速离开榕江。若再不动身，吃饭穿衣也要成为困难了。

1945 年 9 月西大师生回到融县，11 月来到柳州鹧鸪江。此时桂林良丰已遭战火焚毁，正准备修葺，于是西大暂借鹧鸪江第十六集团军妇孺工读学校开学。但教育部还是要求西大迁回桂林，于是陈剑翛在继任校长后，向政府申请拨用位于桂林将军桥、先前属于经济部实业资源委员会的中央无线电工器材厂，将法商、理工两院迁入，此处作为校本部；农学院、各院一年级暨先修班仍迁至良丰西林公园，这里作为校分部。

回迁过程中发生了"返梧运动"，部分学生要求迁回梧州蝴蝶山，在新旧校长青黄不接之际，他们自动离校赴梧了。陈剑翛到职后，便安排三大学院院长王籛、郑建宣、汪振儒及两位教授前往劝返。（1946 年 5 月 26 日《申报》报道此事的题目是《广西大学五教授联袂赴梧劝导学生》。）

往后，西大理工学院经过一年多的再创业，重新订购图书、仪器和聘请教员，教学能力才基本恢复。

战后苦乐

桂林将军桥（今白龙桥）在今桂林中山路与崇信路交接处的南溪山公园内。该石拱古桥相当有名，因此这一带都被称作将军桥。从该桥沿中山路往南一两千米，便是西大的将军桥校区。将军桥校区风光旖旎，但比较大和散，外客容易迷路，校方于是设置了路牌和路名。

虽然条件艰苦，但总算和平、安定。这一时期，郑志鹏开始记事，在他的印象中，入住的教授宿舍地面铺着砖块，条纹整齐。自己终于可以像姐姐那样每天光荣地上学去了。清晨起床，厅中央的桌上有一碗面条和一个煎荷包蛋，那是妈妈为父亲准备的早餐。篮子里有煮熟的红薯、芋头，孩子们拎上两个就出门上学了。至于母亲最后如何打发自己的早餐，孩子们不得而知。对于有限的生活资源，王耀珪分配的优先顺序永远是丈夫、孩子，最后才是她自己。她的追求是：困难再大，全家都要吃饱，而且尽量吃好；每个孩子要衣着整洁、体面。

郑志鹏就读的学校是将军桥校本部的附小，叫作中正小学（良丰分部附小则叫君武小学，面向分部家属子弟及附近农村孩童，也参与收容救济战争难童）。郑志鹏还记得，那时这一带房屋低矮，远远可以眺见美丽的南溪山。

父亲郑建宣除参加常规的西大校务院务和教学工作（例如担任毕业实验委员和校务委员、在新生入学训练上介绍理工学院院情、作为教授代表参加毕业典礼等）之外，还曾经负责组织校园安装电灯。

那时的西大校园生活说来自有一点诗意。《西大周报》第44期记录有1947年10月11日在西林公园举行的一次叙餐，主题为"欢迎新回校服务校友"，即秦道坚、王庄、汤会盛、甘怀新、唐松青、陈传铭、唐绍华七人回到母校工作。将军桥校本部这边，校长、总务长和其他人因故未能参加，由何杰教务长与郑建宣院长偕同本部学生代表，乘车赴分部出席活动。

"西林园内，日来正是桂花盛开时节，一入校门，顿觉清香扑鼻。下车后，各人即沿相思河畔至碧螺溪虹桥一带欣赏佳景，然后到良丰牛种繁殖场参观。"《西大周报》文章里写道。

上午十点半，活动开始。主持人致欢迎词，介绍回校校友，而后是七人依次报告离校后的经历及回校感想。接下来是教务长、院长训话。郑院长勉励大家："本校之前途系于我校友之身上，尤其是留校校友，责任更为重大。各人能有出国深造机会最好，如不可能，亦须自强不息，致力于学问之研求，则将来本校师资始不虞缺乏。"郑院长的发言条理清晰、情感朴诚，体现出他稳健的个性。

接下来，大家品尝了袁煜、钟永潘两位校友亲手烹饪的佳肴。"各人频向教务长、郑院长及新回校校友敬酒，'干杯'之声不绝于耳。"

返回时，余克缙、秦道坚、陆传等老师还将一些"破铜烂铁"搬到车上，让大家顺路带回校本部，作为实验之用。并且，来客每人手中还持有一簇桂花，教务长亦摘有，说是带回去作为案头清供。

此情此景，让人想到了胡适作词的歌谣《兰花草》："我从山中来，带着兰花草；种在小园中，希望花开早……"

1947年的西大，总体上看确实是蓬勃、热烈的。毕业生规模创历史新高，在校师生队伍越发壮大。校本部的总办公厅空间紧缺，理工学院郑建宣院长于是把自己的办公室设在数理馆楼上的数理系办公室内。他对等级、排场一向不大苛求，何况，数理系办公室内订有多种外国学术刊物，便于暇时取阅，他是乐在其中。

这一年，西大甚至酝酿恢复常规的教员"放洋"计划。此议由留校同学会提出，拟由校长、教务长、院长组成委员会，每年遴选科研成绩好、已在校服务一段时间、能承诺将来回校工作若干年的青年教师，公费资助他们出国留学。

1948年元旦，《西大周报》邀请学校要员题词贺新年。郑建宣的题词是"新青年应有新思想新学术以建设新中国"。那时的社会对于"新中国"是什么，尚未有统一的答案，但是，人们对未来普遍怀着积极美好的憧憬。

1948年郑建宣、王耀珪与孩子们在广西大学"陋园"
（左起郑韵萍、郑志鹏、郑建宣、郑韵兰、郑韵芝、王耀珪、郑志坚）

　　1948年五一国际劳动节，教育部颁发年度久任奖金，郑建宣位列西大获奖名单的首位。这份名单可以反映出那时有什么样的"老西大"——郑建宣、陶心治、裘献尊、衷志纯、梁岵庐、郑显通、杨溪如、何承聪、周百嘉、谭顾周、蒋纲、钟济新、王凤仁、王为殿、潘继兴、陈樵、陈智仁、黄华、郭苏兴、秦振煌，共20人。名单一大半是教员，钟济新是1931年9月入读西大本科后留校任教的植物学家；图书馆员王凤仁及之后则是学校职员。

　　然而，也是自1948年起，社会经济情况急转直下，每个人切肤感受到的危机从物价暴涨开始。西大教授杜肃的籍贯是广西崇善县（今崇左市），曾留日学习经济学，抗战时期任西大经济系主任。他被检查出肺病，在省立梧州医院久治不愈。由于物价飞涨，尤其是米价呈百倍上涨，家计入不敷出，杜教授于1948年2月在医院跳楼自尽。为了应对物价翻番，西大教职员在宿舍附近栽种瓜豆以补助经济。当然，藤蔓攀爬也能增加房屋阴凉。

电机系主任裘献尊教授因食指浩繁，到了每天喝粥的地步。电机系学生自发捐款两千余万法币前去慰问，裘教授坚辞不就，说困境不是传闻那般严重。最后还是郑建宣院长出来规劝他，说同学们苦心恳切，不宜过事拂逆，裘教授才勉强收下来（此事被报道在《西大周报》第70期上）。

经济危机空前，西大校长办公室承认"近受时局与汇兑影响，所有员工薪饷，往往未按时寄校……牵萝补屋，呼应不灵"，并拟定七项应对措施，包括节约开支、准备物资、一般情况不许请假和借支薪金等。①

这时的北方地区枪炮声隆隆。和几年前的抗战时期相似，桂林出现了来自战区的教授和学生。教育学出身的陈剑脩校长正大力兴办西大文科，因此能请到一些有名的教授，例如英文教授骆介子、周淦卿，经济学教授杨端六。然而，此时的西大已经不同于往时，经济拮据，难以招聘更多名家。

改天换地

在西大创立早期，堪称统御的思潮是以自然科学的力量建设广西。彼时新桂系统一广西，求治求王，人民求知求富，双方共同认识到广西在科学和教育上的薄弱，故能上下勠力同心，开创和发展西大。因此，西大在创立之初倚重理工科。

往后，随着西大文科的设立，校园思想也更加多样，甚至出现了尖锐的对立。那么，在这个坐标系上，郑建宣院长选择什么样的位置呢？

---

① 见《西大周报》第86期，1948年12月4日版。

首先，郑教授作为一名"理工男"，似乎更愿意专注于物理学科研及教学。

其次，对于身边能看见的人和事，他又决不会好坏不辨。他有自己的直觉判断和确切态度，只是未必激烈地对外表露出来。由直接经验形成的形而上的政治观点，他更是鲜少对外张扬。

郑志鹏回忆童年生活时说，在家中的饭桌边，父亲会和母亲谈论身边的人事是非，不回避孩子们。女孩子不大上心，而志鹏、志坚哥俩却听得进去，好奇于周围发生了什么，大人们怎样评价。如今回想起来，郑志鹏觉得自己的三观与父母颇为相似，一定程度上正是这种餐桌教化的结果。他记得当时父亲说过："政府所不满的那些学生，很多其实都是优秀的，学业好、品德好。"父亲说这话时，语气并不激动，只是陈述自己的一种判断。

可见，在含蓄、低调的背后，郑建宣和不少进步知识分子一样，对于国民党统治怀有不满。

数理系学生徐家鸾的经历也是一例。徐家鸾当年积极参加学生政治运动，包括在榕江时组织广西大学学生民主大会并担任大会主席。这些活动被政府当局盯上了。有国民党"职业学生"王某假意接近徐家鸾，硬搬来他的宿舍，要与他同住。郑院长看来是得到了相关消息，一日见到徐家鸾，便悄悄地对他暗示说："紧急时刻，你到我家里来避一下。"什么叫紧急时刻？徐家鸾自然心知肚明。

1946年，徐家鸾面临毕业，成绩优异，有留校工作的机会。然而此时，他参加了响应昆明"一二·一"运动的桂林城游行，遭当局打压报复，被国民党"职业学生"一拳打断了门牙。几十位同学把他抬到训导处，要训导长谢康出来给个说法。庶务科长则连带翻出旧账，说徐家鸾"聚众闹事，无法无天"，扬言"非开除不可"。

郑建宣知悉，便亲自出面找陈剑翛校长，说："这个学生毕业后，我要留他当助教的，绝对不能开除。"陈校长不好拂郑院长之面，便退让一步说："不开除也可以，但他毕业后要立即离校。"于是，徐家鸾得以正常毕业，但毕业后还是回了江西南昌老家。后来，他被郑院长的至交雷瀚教授、施汝为教授带到安徽大学当助教，中华人民共和国成立后又到中国科学院任助理研究员（讲师），从而得以走上物理研究之路。

徐家鸾回忆道："郑院长当年说想留下我当助教，只是为了培养师资，没有顾及此举是否会得罪执政当道者。"

学机电的郑雷荪同学也有类似的立场和遭遇，他收到过郑院长的提示："注意保护自己，紧要关头就躲到我家来。"1949年，郑雷荪从台湾去到美国。至1995年，郑建宣长子郑志鹏已是广西大学校长，应邀到美国旧金山参加校友活动，而当初的热血青年郑雷荪已成为美国著名的物理学教授。郑雷荪见到来者姓郑，便问他是哪里人，而后竟问出是老院长的儿子，郑雷荪真是喜出望外。

学化工的王兆南同学也有被郑院长保护的经历。在1947年5月的"反饥饿、反内战、反迫害"运动后，政府当局进校抓人，许多进步学生被迫撤走，但桂林党组织要求王兆南设法留下。那时王兆南已读完化工系，知道化学馆缺人，便向郑院长申请留校。当时，王兆南虽然不是公开露面的学生运动领导者，但郑院长是知道他的政治倾向的。然而郑院长也不加询问，提笔就写下了"决定由王兆南任化学馆助理员"的条子。于是，在7月5日出版的《西大周报》上有了这则消息："人事动态：化学实验室助理员王兆南先生于上月十六日到职。"

1947年放暑假前的某天凌晨，西大还发生了当局军警入校围捕共产党员和民盟盟员的事件。后来，桂林民盟发动了以教务长何杰、理工学院院长郑建宣为首的教授代表团去找省主席黄旭初谈判。①

———————————
① 见潘国贵《桂林民盟在中共广西地下党领导下战斗前进》，载于《桂林文史资料》第4辑。

爱护学生的郑建宣教授这次站到了前列。

王兆南后来曾担任广西科学技术协会主席，他在《广西大学校友》上刊文评价郑院长："在那种环境下，如果没有爱国、开明、正直、富于正义感和爱护学子的精神，他是不可能这样做的。"

话说回来，当时西大校方人员的政治见解虽各有异，但对于政府抓捕学生之事，多数还是倾向护学生的，所以尽量"敷衍了事"。

1949年3月，广西大学发生了工人罢工事件，接着是教师罢教、学生罢课。人们上街游行，将中央银行桂林分行的"中央"二字涂改为"种殃"。校长陈剑修见事情闹大，责骂学生妄为，这又进一步激发了学生的罢课行动，要求撤换校长。

说来陈校长乃一介文人，对于这些背景深刻复杂的动荡，显然无力驾驭。加上看到解放军步步南下，他顿生去心，趁国民政府调任他为国家考试委员之机，于4月份挂靴离校，寓居香港。于是当局匆忙安排盘珠祁接手。

盘珠祁是"老西大"。当年西大草创时，他担任过副校长。此番接到委任令，他尚在家乡容县休养，未能马上赴任。于是，西大教授会商定先成立一个临时校务维持委员会，选出何杰、张映南、郑建宣、孙仲逸、张先辰、骆介子、黄现璠、李凤荪、郑显通9人担任委员，以何杰为主任，主持校务（另据黄现璠回忆，张映南为主任）。

何杰是资深的矿学家，1947年5月到西大任矿冶系教授兼教务长，时已年近花甲。他曾在国内多所大学任教，教龄逾30年。陈剑修校长在北大读书时，何杰即已执教于北大。何杰在西大过60大寿时，教育部部长朱家骅为他题字"扶学遵道"，并赠轴致贺。何教授驻颜有术，郑建宣在1947年毕业典礼上赞他"老年黑头"，以此叮嘱大家保重身体，大家很是开心。

当时参与主持校务的郑建宣曾听到过赴港、赴台的动员，这又成了郑家餐桌上的新话题。郑志鹏记得父亲对母亲说:"有人讲共产党来了就要'共产共妻',我是不信的。"最后,这个家庭决定留下来,跟着西大继续往前走。

西大在组织了临时校务维持委员会后,又组建了临时校务辅助委员会。这一时期,教育部对西大的要求是依照华中长官部"应变处理办法"暂时停办。

10月27日,已经短暂归校的盘珠祁又以"时局变化"为由离校他去,西大被交到临时校务辅助委员会手中,似以这种方式回归"教授治校"。这一天,校务辅助委员们公推法商学院院长张映南、农学院院长孙仲逸、理工学院院长郑建宣轮流担任主持人,督促护校活动:增购枪弹,增设校警;购买和安装铁丝网;发动全校师生积极参与护校。

这是西大命运千钧一发的时刻,让我们把焦距推得再近一点点。

一天晚上,在校东门外马路一线,我方一个武装班发现一辆军用汽车有些可疑,即实行检查。车上下来一个女军官,持有"总统府"信件。经我方人员询问了解,该车装载了一车炸药,同学们以为是要来破坏的,乃实行拦截,逼迫该车开进校园待查,其后又封锁校门。

据后来分析,该车TNT炸药并不是用来破坏西大的,可能是未及使用,在车主逃跑匆忙,路经西大时恰好被缴获了。解放后的第二天,该军车连同押运员及炸药全部交给了临时住校的人民解放军处理。

这个故事的讲述者是当时参与护校的李建焜等人,相关文章《广西大学解放前夕的护校运动》见《桂林文史资料》第14辑。

1949年11月22日,这是校史上应该铭记的一天:解放军进驻西大校园。校内师生们连夜赶写标语，出版专刊，欢呼解放，庆贺一个新时代的到来。

重新开张

1949年11月22日桂林解放，11月30日桂林市军事管理委员会成立，分物资、交通、军政、文教等几个接管部。12月12日文教接管部部长刘宏召开教师座谈会，提出首先要进行思想改造，确立为人民服务的思想，这种改造将在复学上课的基础上逐步进行。15日，军代表梁唐晋、袁似瑶到西大主持接管工作，至1950年1月3日接管完毕。①

1949年12月5日，经民主协商，国立广西大学校务委员会成立，张映南被选举为主任委员。

1950年1月4日下午1时，校务委员会召开第一次会议，地点在校长住宅。从当时的会议记录看，西大沿用"国立广西大学"旧名，学院还是理工学院、农学院、法商学院和文学院，但其上级部门已变为桂林市军事管理委员会文教接管部。

1月28日上午举行校务委员会常务委员会第二次会议，主席为张映南。从会议记录中可见常委为唐肇华、张映南、孙仲逸、郑建宣、宋光诩、白玉蘅、陈泰楷、张先辰。会议还议定人民助学金评议委员会委员为校务委员中的郑建宣、孙仲逸、张映南。可见，在西大转型过渡时期，郑建宣院长是积极、有担当的。

紧接着，中南军政委员会文化教育委员会委员、社会活动家杨东莼就任国立广西大学校长。杨东莼是一位传奇人物，1900年出生于湖南醴陵的一个破落大户人家，五四时期北上考入北京大学预科，

① 见《桂林文史资料》第14辑中《桂林市文教接管情况》。

后入读哲学系，成为崇尚"德先生""赛先生"的进步青年，曾在北大发起马克思学说研究会，与李大钊交谊甚厚。1950年3月2日，杨东莼在广西省主席张云逸的陪同下，来到桂林将军桥广西大学视事。到任西大后，他完成了此前已启动的南宁师范学院（前身为广西师专、桂林师范学院，1947年迁邕并更名）回迁桂林事宜，并将其与西大文学院合并为西大文教学院，委任曾作忠为院长。

在西大，郑建宣长期执教，担任过系主任、院长，资历远较一般教授深厚。郑建宣喜好学界结交，并为西大延揽理工科教授。杨东莼校长到位后，郑建宣仍然致力于此项工作，例如在1950年4月至1951年3月间的校务会议上，他先后提出拟聘田渠、闻诗、王以德、萧文灿、严楚江、熊全治等为西大理科教授。他所属意的皆是饱学之士，能获得校务会议的通过。

时间一长，郑建宣在西大教授圈颇见地位。以西大教授会第五次大会改选理事为例，出席者73人，投票结果为郑建宣65票，远高于其他院长的得票。①

基于这种现实状况，他隐约担心自己会被当作"宗派"代表了，心思"走为上计"。

然而，这实在是一个艰难的抉择：自己年近天命，上有老下有小，母亲和岳母健在，身后是一大家子人的依靠和盼望，真是容不得一点差池呀！

另外，自己效力广西大学二十年，往事峥嵘，历历在目，对西大和乡土已经是情深难舍。马校长当初的话犹在耳际。1950年10月10日西大在运动场举行22周年校庆活动，自己还和杨溪如做了校史报告，如今……难道很快就要离开了？

郑建宣心绪纷乱，而后又是寥落，直到他最终拿定主意：去东北进修。

---

① 见《西大周报》第58期，1948年1月31日版。

院系调整

　　1951年8月，年近半百的郑建宣暂时离开身怀六甲的妻子和5个年幼的子女，只身去往创立不久、位于东北辽宁的大连工学院（今大连理工大学）应用物理系进修。

　　东北老解放区得风气之先，学习苏联兴办专门学院，取消综合性大学。1950年7月，大连大学拆解为大连工学院、大连医学院、大连俄文专科学校，随后，东北人民政府任命屈伯川为大连工学院院长。

　　大连工学院下设冶金工程、土木工程、电讯工程、电机工程、造船工程、机械工程、化学工程、应用物理、应用数学等九个系，可见工科色彩颇重。其中，应用物理系主任（也是该系开创者）为王大珩（"中国光学之父"、"两弹一星"元勋）。王大珩和郑建宣一样，曾经留英且研究光学。

　　郑建宣来到之后，校方一看这位进修教师竟然是教授，而且还是国立大学理工学院的资深院长，立即有意将郑建宣留下任教。不久，王大珩调任中国科学院仪器馆（今中国科学院长春光学精密机械与物理研究所）筹备处副主任，赴长春工作，郑建宣继任系主任，并兼光学组组长。该系光学组1951年10月成立，后来发展成为大连理工大学光电工程与仪器科学学院。

　　没料到一年后，大连工学院的应用物理系还是被取消了。

　　1952年9月底，《人民日报》发表社论《做好院系调整工作，有效地培养国家建设干部》，对院系调整进行了解释和动员。这次调整的总方针即以培养工业建设人才和师资为重点，发展专门学院与专科学校，整顿和加强综合性大学，逐步创办函授学校和夜大学；

将工农速成中学有计划地改属各高等学校，作为预备班。专门学院和专科学校又分多科性和单科性两类，任务是培养各种专门的高级技术人才。综合性大学的任务主要是培养科学研究人才和中等学校、高等学校的师资。

院系调整以高等教育发达的华北、华东为重点，逐渐推及全国。例如北京原有北大、清华、燕京这三所综合性大学，其工科归于清华，清华成为多学科性质的工业高等学校；文、理、法归于北大，北大成为综合性大学，燕京大学被撤销。同时新建北京地质学院、北京钢铁工业学院等单科学校。上海的复旦大学为综合性大学，新设立一批单科学校，圣约翰大学等校被撤销。

重点地区之外的调整继续进行。在东北地区，东北人民大学成为综合性大学。在华南地区，中山大学成为综合性大学，华南农学院、华南工学院成立。广西大学也相应作了调整。

广西大学院系调整表

原西大院系	调整后所在的院校	师生动迁时间
教育	华南师范学院	9月23日
经济、会计银行	中南财经学院	10月3日
土木	中南土木建筑学院	10月5日
中文、外文、史地、数学、物理、化学	中山大学	10月6日
政治、法律	中南政法学院	-
机械	华中工学院	-
电机	华南工学院	-

资料来源：《大公报》1953年10月22日版。

院系调整完成后，广西大学停办，并设立了两所单科院校——广西师范学院和广西农学院，前者校址在原西大将军桥校区（次年迁往桂林王城），后者在原西大良丰校区。

总之，广西大学的院系调整比省外其他学校稍晚，但方向和方式完全一致。

至于并到他校的原西大院系，后来都跟随新学校各自经历了嬗变。例如，西大土木系汇入中南土木建筑学院，后来随该学院并入了湖南大学。

第三章　投身白山黑水

转徙长春

1952年8月，郑建宣所在的大连工学院应用物理系并入了位于吉林长春的东北人民大学（简称"东北人大"，吉林大学前身）。

东北人民大学图书馆

东北人大的前身为东北行政学院。东北行政学院1946年始建于哈尔滨，1950年3月更名为东北人民大学。学员是革命干部，多在这里作短期政治培训，而后随大军南下，散布到全国各地的新解放区。东北人大曾迁往沈阳，因太靠近朝鲜前线，又于1950年6月迁至长春，仅用12天即完成迁校，在几栋临街的日式楼房里教学，有的教授、副教授就暂住在旅店里。

在院系调整中，该校被确立为综合性大学，是新中国成立后中国共产党亲手创建的第一所综合性大学，因此是一定要办好的。从文科性质的干部学院直接转来，不容易，于是中央着令教育部一手操办。全国院系调整恰好为该校引入师资提供了契机。1957年入学的吉林大学原物理学院院史专家邵炳珠教授评价说："东北人大是院系调整的受益者。"

　　东北人大的物理系为1952年新创，教育部调来了六位教授、三位副教授，这在当时国内大学的物理系中，是一流的师资配置，几乎可比肩调整后的北大物理系。这年八九月间，郑建宣与霍秉权、苟清泉、黄振邦、吴式枢、高墀恩、解俊民等物理学界名家一同来到东北人大。10月，余瑞璜、朱光亚分别从清华大学和朝鲜板门店来到物理系。至此，东北人大物理系早期创业骨干队伍集结完毕，11月即开始上课。

1952年东北人民大学物理系师生合影
（前排左五吴式枢、左六余瑞璜、左七苟清泉、左八为郑建宣、左九霍秉权）

　　没错，这位余瑞璜教授就是郑建宣留英同窗。他到东北人大的时间虽然稍晚，但是早已被安排担任系主任。10月23日，他正式取得东北人民政府教育部的任命。同日教育家温希凡就任物理系党支部书记。

上级重视余瑞璜，首先是由于他才华横溢。余瑞璜从江西考取了公费留英资格，此前已获得中华文化基金会的科学研究补助金。他跟小布拉格教授学习，取得博士学位后，曾在西南联大、清华大学任教多年，担任过清华大学教务长。在西南联大期间，三十来岁的他在一年之内竟有四篇高质量论文发表在英国《自然》杂志上，引发了国际物理学界瞩目。其次是需要他的专业。上级安排他领衔金属物理研究，是要服务于当时相当显赫的东北重工业的。

2018年8月21日的《人民日报》副刊有文章提到，抗战胜利后，知识精英分三批奔赴东北：第一批是教育家，他们建立了若干高校，恢复了东北大学；第二批则包含了一群响当当的自然科学家；第三批主要是社科文艺界专家。文章里提到，1952年前后来到长春的有数学家王湘浩、金属物理学家余瑞璜、光化学研究先驱蔡镏生、"中国量子化学之父"唐敖庆、中国无机化学奠基人之一的关实之、中国生物化学开拓者之一的陶慰孙，等等。

除了余瑞璜和郑建宣，物理系还有以下名师。

霍秉权，毕业于中央大学，曾在清华任教多年，担任物理系主任、代教务长，曾在英国伦敦大学和剑桥大学从事研究，是我国首批从事宇宙射线、高能物理和核物理研究的物理学家之一。

苟清泉，毕业于中央大学，曾在中央大学、西南联大和北京大学任教，是原子分子物理及高压物理合成理论研究专家。

黄振邦，毕业于中山大学，曾在中山大学任教，是实验物理学家、真空学专家。

高墀恩，美国华盛顿州立大学博士，曾在燕京大学任教，是理论物理学家。

解俊民，毕业于浙江大学，来自大连工学院应用物理系，曾经留美，是磁学专家。

吴式枢，美国伊利诺伊大学博士，理论物理学家，1980年当选为中国科学院学部委员（院士）。

朱光亚，美国密执安大学博士，曾在朝鲜停战谈判中国人民志愿军代表团任翻译，是核科学家。后来负责组织领导中国原子弹、氢弹的研制试验工作，1980年当选为中国科学院学部委员（院士），是"两弹一星"元勋。

稍晚两三年，高鼎三也加入了物理系。高鼎三是美国加州大学博士，半导体物理与器件学家，1995年当选为中国工程院院士。

东北人大物理系的组建，体现了计划体制办学的特点——资源配置非常迅速。

苏联专家M.F.莫洛佐夫在东北人大物理系工作（1956年），左起系副主任吴式枢教授、郑建宣教授、莫洛佐夫、霍秉权教授、系副主任苟清泉教授

当时，来自大连工学院应用物理系一、二年级的学生52人，到长春东北人大物理系升读二、三年级。大四学生暂缺；大一新生则是新招，按照中央统一部署，在东北、华北、华东、中南、西南5区共招收新生111人。

东北人大物理系毕业留影（1957年），前排左起郭文岩副书记、温希凡书记、郑建宣教授、高鼎三副教授、唐立仁教授、高墀恩教授

激情创业

草创之初，东北人大物理系最高只有三年级，分不出更细的方向了。教授们不管原先专长如何，一律先上基础课。系里只开设一个教研室，即郑建宣为室主任的普通物理教研室，其他则为教研组等。

1954年初，物理系筹备建立金属物理专门化（当时模仿苏联提法，大致为今天的"专业"），需要做的准备工作包括开设课程、建立实验室等。于是，这年2月，郑建宣为首届毕业班开设X射线金属学专题讨论课。下半年，面向1955届学生，正式设置X射线与金属物理专门化，郑建宣为此开设金相学、金属物理、金属理论三门专业课程。

相关配套实验室在1953年即开始筹建，包括X射线、金相两个专门实验室。难点在于缺乏设备。于是大家找来一本来自苏联的相关图书，按图索骥，能找则找，找不到就动手做。教授、副教授们均留学欧美，不熟悉苏联的实验室模式，甚至没有去过苏联，只能如此。余瑞璜带来两个技工，组成了技工室，照着教授们绘制的图纸自制设备。缺酒精灯的，用玻璃墨水瓶改造；缺螺丝刀的，把铁钉砸扁、磨平即得；缺实验台的，临时去教室搬课桌。有时人手不足，缺某个通用零部件，教师自己就去跑市场。讲师唐立寅已年长，在东北地质学院借到一台仪器，二十多斤重，自己扛回来。教授、副教授还经常充当实验员，加班加点干到晚上十二点，很是常见。

曾任北京大学校长、国家自然科学基金委员会主任的陈佳洱院士[1]回忆说："1954年毕业留校后，余瑞璜老师给我安排了一个任务，要我和哈宽富老师一起建立一个X射线金属物理分析实验室。那时候我是助教，他是讲师。我俩配合很默契，在短短一年里，硬是把实验室建了起来，开出了八个实验项目，包括X射线单晶分析、劳厄斑点分析、X射

东北就学时的陈佳洱

① 陈佳洱，1934年生于上海，1952年加入中国共产党，1954年毕业于东北人民大学物理系，曾短暂留校任助教。后于次年夏奉调北京大学，任教于北京大学技术物理系，曾任教研室主任、系副主任。1993年11月当选中国科学院院士。1996年8月至1999年12月任北京大学校长，1999年12月至2003年12月任国家自然科学基金委员会党组书记、主任。

线多晶分析、X射线工业探伤等。这些实验我们自己过去都未做过，都是一个个边学边干地排出来，然后提供给四年级学生做专门化学习。"

实验室建设取得了成功。中国科学院院士葛廷燧曾对郑建宣的儿子郑志鹏说："你父亲的实验室很齐全，和我们沈阳金属所有很好的合作关系，我们一起做出了许多高水平的工作。"李薰、郭可信等著名院士专家对郑建宣的实验室及科研成果也给出了很高的评价。

在课程与实验室之外，X射线与金属物理教研室相应成立，负责开设金相学、金属物理、金属理论这三门专业课程，以及管理专门化实验室。郑建宣为该教研室主任。另外，郑建宣还主持了物理系力学实验室的筹建工作。

在此前后，高等教育部见势头良好，加大了对东北人大物理系的支持力度。1954年5月24日，高等教育部综合大学教育司来函称，根据几个重工业部门对科学干部的需要，初步考虑在第一个五年计划时期，东北人大物理专业设置下列专门化：

1954—1955年度设置X射线与金属物理专门化；

1955—1956年度增设光学专门化和磁学专门化；

1956—1957年度增设理论物理专门化和固体物理专门化。

1955年，X射线与金属物理作为物理系的一个专门化正式成立。可以说，余瑞璜和郑建宣创建了东北人大物理系第一个专业，是全国高校金属物理专业的开山鼻祖；他们领导建设的金相实验室是全国第一家；郑建宣为此开设的X射线金属学课程也是全国第一个。

这个新专业很快熠熠发光，将近一半的物理系学生被划到了该专业。1955年5月6日，学校给高等教育部发函请示物理系三年级（1952级）各专业学生拟按名额分配情况，高等教育部复函称：同意物理系三年级学生自1955—1956学年上学期起，分为X射线与金属物理、磁学、光学三个专门化，学生人数可按4：2：1分配。

与专业平台建设相伴，物理系一方面取得了不小的科研成果。

1956年9月，物理系半导体物理实验室、X射线实验室、热处理实验室、金相实验室、低温实验室等已达到国内前列水平。这一年，郑建宣在指导学生作毕业论文的过程中，提出将粉末样品封入抽成真空的玻璃管内，在600℃以下保温后淬火。此方法由学生试验成功，操作简便可靠，至今还在沿用，适于许多种合金粉末的淬火处理。

1958年，郑建宣有两篇关于三元合金相图的论文发表于《物理学报》。另外，他在"金属与超格子结构"等方面的研究取得重要进展。学生的毕业论文质量高，在金属内耗、X射线单光计、多光束干涉、磁畴、高真空等课题上体现了优秀的科学品质。

另一方面，物理系也取得了丰硕的育人成果。

一是培养本系研究生。

1953年9月，东北人大首次正式招收研究生16人，其中物理系、化学系各5人，为三年制。至1965年，物理系先后招收了7届研究生，共培养研究生32名，当中有数名是郑建宣亲手培养的。

系里设有专门实验计划组，郑建宣后来担任组长。该组和特殊实验计划组的主要任务是在系主任的领导下，研究、制订研究生的教学计划，筹建专门实验室。

二是带动学者交流。

东北人大物理系的这个特色专业先后吸引了国内数所高校的十余名教师前来进修，通常进修期为一年。时间长的如兰州大学的聂崇礼教授待了两年，时间短的如南开大学助教母国光（后为南开大学教授、校长、中国科学院院士）待了半年。

三是促进年轻助教成长。

物理系虽然有重量级的教授、副教授，但一般教员仍然奇缺，需要一批助教。当时助教队伍的12人多为来自北京大学、清华大学等校的本科毕业生，其中有3位毕业于机械系，4位毕业于物理系，有5位甚至是三年级提前毕业的学生，他们迫切需要锻炼成长。

于是，物理系制定了培养青年教师的五年计划，建立了以余瑞璜、霍秉权、郑建宣和高墀恩为核心的专门委员会，负责研究实施课程设计、青年教师进修、研究生培养计划等。教授、副教授们分担任务，每人指导若干青年助教。

培养的第一阶段，助教按照计划阅读指定书籍和资料，随学生听课。若自己将来要讲某门课，就要来跟班做课程辅导员，并指导学生实验。第二阶段，精读相关著作，通过研究教纲、参与讨论和编写讲稿、试讲等环节，深入研究每一章的重点，明确基本原理与基本观点。对于那些提前毕业的青年教师，系室领导还安排他们补专业课，跟学生一起学习。往后，他们上习题课之前，必须听主讲教师亲自讲授的习题课。他们的讲稿要经过主讲教师审查，他们登台之前须经过试讲，由系室领导把关。

郑建宣教授（四排左一）在观摩教学（1954年）

　　年轻助教冯致光，1952年从金陵大学毕业，聪敏好学。郑建宣反复聆听他试讲，给出改进意见。1953年11月26日下午，在一场题为《色散现象：相速、群速与波前速发》的教材研究报告中，郑建宣教授与冯致光一并登上讲席，真可谓是手把手来教了。

　　经过郑建宣的精心栽培，冯致光成长很快。到1953—1954学年下学期，他被批准开光学课程，成为系里第一个可以独立教学的年轻助教。后来，冯致光还担任过物理系教研室主任。再后来，他被调入南京大学，曾任南京大学副校长。

青年教师冯致光试讲，朱光亚（右二）、郑建宣（右一）、苟清泉（左一）把关审查（1954年）

　　另外，相关材料还显示，单单在1954—1955学年，X射线与金属物理教研室举行了九次报告会和讨论会，帮助青年教师了解学科发展动态，开阔眼界，为系里营造了浓厚的学术氛围。

"问渠那得清如许"？在东北人大物理系，郑建宣和同事们实现了自我，也奉献了自我。

当时，郑建宣除了参加创系和指导年轻教师，还为本科生讲授普通物理、分子物理、光学、力学、电学、原子物理、X 射线金属学、金相学等课程，并亲自编写各门课程的讲义。在这个过程中，他开始捡起合金相图的研究，使用 X 射线衍射法，并不断改进实验技术。根据工作需要，他还开始学习俄文，从字母学起，只花了三个月时间就可以阅读俄文专业书刊，翻译了苏联科学家福里斯与人合著的权威教科书《普通物理学》的一个章节。晚上，他和其他教授一样，经常到学生宿舍关心学生的学习生活情况，绝无上下班时间、加班补助之类的考虑。

无怪乎当时在念初中的郑志鹏总是觉得父亲一天到晚都在忙。长春的冬天，最冷时能达到零下 30 摄氏度。郑建宣过去生活在南方，怕冷，每次出门都穿着厚厚的棉袄，戴一顶大皮帽和一个大口罩，而后是在风雪中夜归。郑志鹏记得有一天深夜他给父亲开门，发现父亲因呼出的水汽在眉毛结霜，已变成白眉老人了。

确实，郑建宣那一拨物理系创业者，盛年经历了战乱，如今好不容易迎来和平时光，大家都惜时如金。系主任余瑞璜的一份工作总结形容得好，"从十几岁的青年练习生到须发斑白的老教授，个个都是精神抖擞、兴高采烈地进行工作；全系每个角落都呈现着劳动竞赛的新气象。"[①] 余教授除了在东北人大当物理系主任，还在哈尔滨军事科学院当教授兼科研处处长，在长春地质学院物探系兼主任，此外还担任中国民主同盟的中央委员、长春市的主任委员、东北人大分部的主任委员，还是吉林省的人民代表和人民委员会委员。郑建宣除了担任物理系教职，还在 1955—1956 学年任校自然科学委员会委员、中国教育工会东北人民大学基层委员会主席；1956—

---

① 吉林大学档案馆，东北人大档案 9-45 卷。

1957任校务委员会委员、校自然科学委员会委员，并担任物理系工会主席、长春市政协委员等职。

工作生活

在大连工作期间，郑建宣没有带上家眷，孩子们生活在桂林。到长春以后，郑建宣见情况稳定下来，西大也面临拆并，于是将夫人王耀珪和4个孩子即14岁的次女郑韵芝、12岁的长子郑志鹏、11岁的次子郑志坚、6岁的三女郑韵兰带到身边。家中老大是19岁的长女郑韵萍，已经在武汉念大二，算是离家独立了；幺女郑韵蓉尚在襁褓，郑建宣担心东北太冷，将她暂寄在广西全州，由外婆照料。

1952年11月初，王耀珪带着四个孩子从桂林出发，经武汉、北京抵达长春。此前大家住在广西，习惯了气候温润、四季常绿，如今骤然面对大东北天寒地冻、大雪纷飞的环境，感到新奇而兴奋。只是没料到，东北天气比桂林冷太多，白天最高气温也不过2摄氏度，夜间则降到零下10摄氏度，到12月份甚至能降到零下30摄氏度。

路过北京时，王耀珪听闻东北很冷，于是给孩子们添置了御寒的鞋袜和衣物。到了长春才发现，华北与东北的冷还不在一个档次上。北京的棉帽禁不住长春的北风，北京的鞋子到长春像透了底一样，锥心的寒气直往上钻。她只好按照东北的标准在长春重新添置，一个盖耳朵的厚毛帽子一块多钱，一双厚底东北棉鞋也是一块多。小孩子适应力强，没多久也就扛住了东北的严寒。

东北地区经济发达，物资充裕，郑建宣的工资也高了一截，全家人的生活明显改善。在三女儿韵兰的记忆里，东北的生活自由而快乐。当地小学放学得早，下午三四点，天还不怎么黑，就可以回家了。她于是跟妈妈到大公司购买鸡鸭、猪肉和高级奶糖，还可以帮妈妈提篮子。

离开桂林一晃五年，寄养在全州岳母家的小女儿韵蓉到了上学的年纪，大女儿韵萍在父母叮嘱下，到全州接小妹。韵萍在全州住了几天，跟小妹混熟了些，便动身带小妹北上。在那个秋天的夜晚，舅妈曹颖和表姐李丽珍、蒋荣芳将两人送到全州火车站。月光下，大家看到韵蓉紧紧地攥着舅妈的衣服不松手，不停地用全州话哭喊："嬢！嬢——我不去东北……"

火车要开动了，舅妈只好掰开韵蓉的小手，让韵萍将她抱进车厢。伴随着哭声，列车往北消失在茫茫夜幕中。这一晚，孩子的外婆、舅妈、表姐都没有合眼。

几天后，她们接到了东北报平安的信，得知韵蓉逐渐适应下来了，才放下心来。

孩子总归是要回到父母身边的。在东北长春，这是一个父严母慈的传统东方家庭。父亲郑建宣，在外工作异常忙碌，在家不苟言笑，很少有机会过问孩子的事情。而孩子当中有谁做错了事，他的批评却十分严厉。到了关键时点，例如学期结束，他还会过问孩子们的成绩，每个孩子都要"过关"，拿成绩单给他过目。如果成绩好，他不会说很多表扬的话；如果成绩不好，他则要问个水落石出。

对于同事和学生，郑建宣却总是笑脸相待，颇见密切和融洽。物理系的吴式枢老师当时才三十岁左右，刚从美国回来，还没有成家，父母在台湾，弟弟在美国。于是，吴老师经常来郑家做客，给郑家孩子送礼物。每年春节，郑建宣都会邀请吴老师到家里吃年饭，安抚他的愁绪。实际上，"每逢佳节倍思亲"，郑建宣自己何尝没有愁绪呢？长春到广西，迢迢三千千米，交通不便。这边是一大家子人，动身不易；那边的白发翁媪更不能背井离乡来承受天寒地冻……未来怎么办？他自己也难以确定。

物理系青年教师朱光亚也来过郑家。据郑志鹏回忆，他读高中时第一次见到朱光亚。那一次朱光亚到家找郑建宣，在门口恰遇粮站工人送来一大袋米，他马上帮工人一起抬米进屋。郑建宣告诉郑志鹏，帮抬米的那位就是朱光亚教授。郑志鹏一看，这位好年轻的教授，个子高高的，英气十足。

郑志鹏参加工作后，在某次物理学会议上遇到了朱光亚，他向朱光亚介绍自己是郑建宣的儿子。朱光亚很高兴，问他在哪里工作，父亲身体怎样，态度非常亲切。20世纪80年代，北京正负电子对撞机建造成功，朱光亚曾经前来参观，听说是郑志鹏负责北京谱仪，他特别高兴。之后不久，李政道先生建立了中国高等科学技术中心，朱光亚、郑志鹏都是该中心学术委员，两人见面的机会就更多了，时常谈到郑建宣在东北人大时的情景。此外，朱光亚对于郑志坚的工作也十分关心。

郑建宣还曾向儿子介绍刚刚留校工作的陈佳洱，夸赞陈老师学习如何优秀、品格如何好。有一个星期天，郑建宣指着一个瘦削但显得十分精干的年轻人对郑志鹏说：“他就是陈佳洱，你要向他学习。”郑志鹏参加工作后，在科研上曾与陈佳洱有交集，他发现陈佳洱不但学问好，而且为人十分谦虚，的确是学习的对象，不禁佩服父亲深远的察人能力。

确实，郑建宣很注重以身边的人事来教育子女。孩子们懂事后，郑建宣逐渐放低姿态，和孩子们平等谈心，带他们去参观物理系实验室，向他们展示最先进的科研仪器，演示有趣的物理现象。后来，志鹏、志坚都投身物理研究，女儿也多从事与科技相关的工作，这无疑是父亲积极熏陶、影响的结果。

家庭女主人王耀珪则具体负责孩子们日常生活学习。她是一位和蔼可亲的慈母，即使孩子们有错，她也会注意批评的方式方法，从启发入手，保护孩子们的自尊心。

郑志鹏记得自己刚上初中时，有一段时间因放任自流，学习成绩明显下滑。母亲没有大声指责，而是开导他说："你已是初中生了，应该知道为什么而学，更要养成自觉学习的习惯，不能再靠大人管了。"她让志鹏利用暑假时间，把不懂的课程复习一下，争取下学期有进步。这温和而郑重的提醒，让志鹏感受到了不一般的分量。

在父母的督促、引导下，郑家几个孩子学业顺利。1956年，次女郑韵芝高中毕业，考上了北京石油学院（今中国石油大学），那是北京当时大名鼎鼎的八大学院之一。1958年，志鹏、志坚哥俩一同考上了新设于北京西郊玉泉路的中国科学技术大学（简称"中科大"），入读近代物理系。初中毕业时，志鹏获得过长春市"最优等生"奖章，高中毕业时获得过"优秀毕业生"奖。家长席上母亲的笑脸，令志鹏倍感温暖和鼓舞。

1958年全家合影 [左起郑韵芝、郑韵萍、王耀珪、郑志鹏、郑韵蓉、郑志坚、郑建宣、丰惠（郑韵萍的同学）、郑韵兰]

郑建宣在东北安顿、发展家庭，逐步磨合工作，在事业上取得了成绩，没料到在 1958 年 55 岁时，竟再度面临家乡广西的召唤——广西大学要在南宁重新开办，急需人手。

东北人大这边闹起了"本位主义"：常务书记兼校长匡亚明十分惜才，不肯放人。匡亚明是老革命出身，敢拿主见。高等教育部曾提出调动苟清泉到人才稀缺的四川大学，苟清泉看来是乐得返乡，但匡亚明回复黄松龄副部长说："我们忙，走不开。"1956 年 2 月，高等教育部曾经通过中共吉林省委，要把郑建宣调到新设的内蒙古大学任物理系主任，匡亚明也是拼死回绝。

然而此次，压力非同小可。广西方面多次催促，高等教育部连连发报。某天晚上，匡亚明来到郑家说："郑教授，我们是舍不得放你，顶了几次。但这次看来是真的顶不住了，高等教育部'三道金牌'都下来了，东北人大看来只能忍痛割爱了。"

此时，郑建宣的心情十分复杂。一方面，当初颠沛流离，如今好不容易落了脚，事业有了些眉目，却突然要离开，实在舍不得这里的同事、学生和实验室。另一方面，他热爱和思恋家乡，感激家乡和西大的栽培。虽然家乡的条件落后于东北，但自己是广西人，总是要归根的。

最终，郑建宣怀着依依不舍的深情，离开了工作五六年的东北人大。在欢送会上，听着同事、学生们倾诉惜别之情，他落泪了。

从长春返回广西的途中，郑建宣在北京停留，为长女郑韵萍和女婿周锡令举办了婚礼。周锡令是郑韵萍的大学同学，他后来成了国内著名的计算机软件专家。

郑建宣走后不久的 1958 年 8 月，东北人大改隶吉林省，更名为吉林大学。吉林大学一直没有忘记拓荒者的功绩。2002 年，吉林大学物理学院举行建院五十周年纪念活动，郑志鹏以郑建宣家属的身份应邀参加。会议很隆重，会场上悬挂了包括郑建宣在内的物理系开创人的巨幅照片，会上多次提到他们的贡献。郑志鹏听后，不禁感慨那个壮怀激烈的创业年代，那段激情燃烧的岁月。

第四章　重回南方创业

西大复校

话说广西大学1953年已经停办，撤销建制，理由凿凿；为何仅隔四五年，又要重新开办了呢？这恐怕要从当时广西建设发展的大视角来看才能有所解释。

中华人民共和国成立后，广西新的治理模式一直在向前探索。1956年10月，中共中央提出在广西建立省一级的自治区。1957年3月，周恩来总理以政协全国委员会的名义邀请广西籍知名人士共82人到京座谈，10天时间召开了5次大会和3次小会，李济深、黄绍竑、梁漱溟等多人发表了意见。与会者当中，赞成成立自治区的意见居多，也有人提出应考虑广西建省已有600多年且汉族居多的情况。郑建宣作为在北京、广州、武汉、长春等地工作过的广西籍人士参加了会议讨论。其间因故请假，但委托别人代为表达了意见。6月，国务院做出关于建立广西壮族自治区[①]的决定，并在同年7月召开的第一届全国人民代表大会第四次会议上获得通过。

这一时期，广西省会南宁的建设日新月异。《大公报》1956年10月20日发表记者陈晓亚的文章《南宁市在飞跃发展》，文中描述道：

三年前我到南宁的时候，新建的火车站大厦还是孤零零地屹立在市北面郊外，从车站出来，乘三轮车要走一段漫长的路才进入市

[①]时称"广西僮族自治区"。1965年10月国务院批准将"僮族"改为"壮族"，"广西僮族自治区"改为"广西壮族自治区"。

区。现在，车站门前那条笔直通往市区的和平路已变成了柏油大道，两边新楼耸立，一出车站就进入了市区。不但房屋群连，树木也长大了，大道两旁整齐的金凤（红楹树）像一把把大伞似的浓荫覆盖。楼房前后的庭园也都绿树成荫，虽然这时已是凉秋九月，但叶子还是那么茂盛。

1958年3月5日，广西壮族自治区正式成立，国务院副总理贺龙作为中央和毛主席的代表前来祝贺。该日《人民日报》评论称，这是党和国家推行民族区域自治方针的一个重大胜利。同日，自治区第一届人民代表大会第一次会议在南宁开幕。出席会议的各族代表有412人，选举产生了自治区人民委员会。会上，王力教授代表郑建宣、赵可任、陶绍勤、龙一飞及他本人宣读祝词，祝贺广西成立自治区，并对中华人民共和国成立以来广西取得的建设成就大加赞叹。

与广西成立自治区同步，广西大学也酝酿在南宁恢复办学，在这片花木葱郁、南国风情浓郁的热土上重新扎根生长。中国新闻社1958年6月10日电文称，广西正在筹建广西大学和广西工学院，广西大学准备在明年建立。到7月17日相关报道又改称"原定在明年成立的广西大学决定提前在今年成立，并开始招生"。几天后自治区党委又决定，广西工学院先不办了，那些原来以工学院名义招调的教员直接转入广西大学。

关于西大复校的过程，何绍榜著、中央文献出版社出版的《韦国清上将主政广西二十年》中有一段较为完整的讲述。书中称，全国高校院系调整中，广西大学被撤销，大部分教师以及图书和仪器被调出广西，广西人民反应很大，特别是教育界，怨言甚多。1955年韦国清就任省长以后，经广西省委、省政府酝酿后决定，广西正式向党中央、国务院打报告，要求重建广西大学。

　　1957年，韦国清在北京开会期间，专程拜访了高等教育部部长杨秀峰、中宣部部长陆定一，后又拾级而上，向周恩来总理作汇报。周恩来总理表示："广西应该办一所大学，待我们商量后再正式决定。"在1958年1月南宁会议期间，韦国清又向毛主席再提此议，毛主席答应还广西一所大学。

　　1958年3月，郑建宣应邀回到广西。韦国清亲自和郑建宣交谈此事，并邀请他回广西大学参加建校。郑建宣刚开始只是表示支持，说怕担子重、挑不起。经韦国清大力劝说，郑建宣终于接受了邀请，并向韦国清推荐了一批原西大教授，韦国清表示欢迎。

　　……

　　西大复校除来自韦国清、覃应机等领导人的努力外，还与1958年"高等教育革命"的大环境密切相关。按理说，院系调整以后，全国高校资源使用得更加充分，产生了更多毕业生输送到全国有需要的地方去。但是，这种全国计划培养、统一分配的做法，在现实环境中，还是发生了一些改变。

　　再往后，中苏关系趋冷，苏联经验不再像以前那么"硬"，综合性大学于是得以延续下去。当然，从更长期来看，中国高等教育总是要发展的，基础宽厚的综合性大学总有其存在的价值，复校这条路不会错。

1958年10月2日郑建宣在广西大学复校开学典礼上致辞

招才纳俊

韦国清如此倚重郑建宣，今天看来，原因有四。

第一，郑建宣是广西人，有乡情维系，调动时可以充当理由。

第二，郑建宣是理科教授，精通理工科办学业务，契合西大复校时的定位——以工科和理科为中心的综合性大学。

第三，郑建宣是西大资深院长，与同事交谊甚厚，有利于将一些"老西大"教授动员回来。

第四，郑建宣是壮族，呼应了广西成立壮族自治区的背景。

在韦国清的传记里曾提到，郑建宣一调回广西，就负责奔赴北京、东北、上海、武汉、广州等地物色和商调教员。陆定一指定中宣部一位同志协助他在北京开展工作。无疑，在郑建宣背后给予支持的是广西壮族自治区主席韦国清。

1958 年 5 月，韦国清和覃应机亲自向高等教育部申请办学经费。

6 月，韦国清主持自治区政府工作会议，决定成立广西大学、广西工学院筹备委员会。覃应机任主任委员，莫乃群、葛震（自治区党委常委、宣传部部长）任副主任委员。办公室主任为余明炎（自治区教育厅副厅长），副主任为何忌（自治区计委副主任）、郑建宣。

7 月，自治区根据形势发展和筹备进展，决定提前重建广西大学，并将筹办中的工学院并入广西大学。

8 月，西大校址选定在南宁市西郊。这里原有一所鲜为人知的学校——中国为当时的越南民主共和国创办的"南宁育才学校"。越南抗法战争胜利后，相关人员迁回其国内，这些校舍便一直空置。

复校的西大利用这些基础硬件，师生动手修缮、补充，校园面貌日新月异。

9月，复校后的首届新生850多人进校。

10月2日上午9时半，广西大学在校大礼堂举行开学典礼，校内彩旗招展，锣鼓喧天。

……

复校节奏如此之快，师资力量要跟上。郑建宣从当年西大的老同事入手，逐个打电话动员。他从长春汽车拖拉机学院、华中工学院、华南工学院、武汉大学等校，找到了余克缙、杭维翰、萧达文、杨溪如、谭顾周、尹政、蒋纲、覃宽、龙季和、唐兴祚等教授或副教授，担纲各系骨干。西大校史上有"复校八老"之说，但实际人数稍多于8人，各人年龄和在西大的资历深浅也有差别。

广西大学1958年"复校八老"合影（左起依次为蒋刚、尹政、谭固周、余克缙、周行、杨溪如、郑建宣、杭维翰）

实际上，当时能召回那么多人衔接新老西大，已经不错了。因为复校后西大只有理、工、文三科，文科还只有一个外语系。其他院系或科如法、商、政、教、农、林的"老西大"即使想回来，一时还缺乏通道。而这批教授、副教授能够被召回，有三方面原因。

一是乡梓情怀。这些教员的籍贯均为广西，在交通、通信不发达的年代，背井离乡是痛苦的，尤其到了中老年更是希望返乡或近家。同理，当年非桂籍的西大教授（如数理系的陈杰、萧文灿），基本上都各自归乡了。贵州籍的土木系资深教授葛天回，收到贵州大学的任教邀请后，也乐颠颠地婉拒了郑建宣的聘书。也有在外省高校工作的桂籍人员（如南京大学化学系助教冯洪清）主动联系郑建宣，表示愿意回广西任教。

二是西大情怀。包括郑建宣在内的一些教授过去在西大奉献青春，对西大有感情。例如尹政，在西大工作了一段时间，又到美国爱荷华大学攻读水利学，其间的1947年他给西大图书馆寄回4种杂志和2册名贵的英文参考书，[①]可见其西大情怀。院系调整时虽被迫离开，一旦复校，他还是愿意回来效力的。

三是郑建宣的个人感召力。杨溪如后来回忆说："我们一大批'老西大'教授之所以愿意回来，很大一部分原因是郑建宣的号召力。大家在他下面办事感到舒心。"谭顾周也表达过类似看法。

还有蒋纲，他曾对儿子蒋纯寅说过回校的理由："你郑伯伯讲诚信、重感情，任人唯贤，不搞尔虞我诈，是信得过的领导，在他手下工作心情愉快，没有压力。"蒋纲回到西大后，因家里孩子多，只有他一个人工作，所以他们家一直是西大的"特困户"。某个春节前，蒋家有个孩子因急病住院，准备过年的钱全交了医疗费。郑建宣得知后，当晚就拿出几十元钱交给蒋纲，这在当时可不是个小数。蒋纲知道郑家孩子也多，吃饭、读书都要花钱，郑建宣夫妇平时也

---

① 见《西大周报》第47期，1947年11月8日版。

是省吃俭用，于是推辞不收。但郑建宣执意要给，在推搡中竟丢下钱扭头就走了……多年后，蒋纲稍微改善了生活，要还钱，但郑建宣却坚称"忘了""没有这事"，就是不肯收下这笔钱。

郑建宣乐善好义，关心同事，感召力可想而知。"文化大革命"结束后，西大物理系的一些中青年教师到京沪参加物理学术活动，与会的学界耆宿看到参会名单，往往会来打听郑先生近况，回忆以前的交往，对郑先生的宽厚为人称颂有加，极见尊重。

要将教员实际调动到位，除了上述三点，还有两项重要工作：对方单位同意和安顿相关人员的家属。

民国时期大学聘教授，比的是工作环境、薪资待遇、私人关系等，根本上取决于个人意愿。中华人民共和国成立后，国家需要、原单位意见和个人意愿都很重要，都能影响调动，其中前两者的重要性又优于后者。

例如，物理教授闻诗 1933 年起曾在西大任教两年，1950 年 7 月他离开江南大学，郑建宣想把他再聘回西大，但闻教授还是被调往北京，任教于颇受重视的华北大学工学院。又如，韦国清的传记里曾提到，西大复校前后，韦国清打乡情牌，想把广西博白籍的语言学家王力教授也请回来，王力本人同意了，但北京大学就是不放。韦国清拗不过北大，只好放弃。

既是如此，郑建宣只能"到什么山头唱什么歌"，突出强调西大复校的重大意义。他跑去找高等教育部副部长曾昭抡，说既然让西大复校，也要给师资啊，这些都是西大出来的人呀；而对于相关教员的工作单位，则只能"哭穷"，说恳请支持边疆少数民族地区云云。

很多高校不乐意被"挖墙脚"，因为自身师资也不宽裕。广西来的商调函，往往希望能额外多给几个，对方则可能回复一个都给不了。西大向中南土木建筑学院商调两人，该校回绝了一人。另一人是土木系讲师、党员李建超，该校虽同意给，但提出交换条件：因我院师资亦缺乏，故拟请以一位机械（或电机、化工）专业的政治条件相当的师资对调。武汉水利学院勉强同意放行尹政教授，但又说："尹教授是测量教研组主任，正在负责全面指导900多个学生的暑期实习，要等到9月初实习基本结束后才能动身。"

就这样拉拉扯扯，无论籍贯在哪里，最后总算调来了一些。来自中南矿冶学院的留美教授汪占辛，籍贯江西；来自中山大学的留法教授刘启邠，籍贯广东。30来岁的物理系讲师吴宗恩是福建厦门人，曾在东北工学院读研和担任助教。他因患支气管疾病，上不了课，医生说这病得养，不适合待在北方。此时恰逢西大招员，他就调来了。

据西大档案馆资料不完全统计，1958年前后往西大调教员的外省高校，由北到南有黑龙江大学（哈尔滨外国语学院）、东北人民大学、长春汽车拖拉机学院、东北工学院、北京工业学院、国际关系学院、华中工学院、武汉大学、武汉水利学院、华东化工学院、交通大学上海部分、华东纺织工学院、中南矿冶学院、中南土木建筑学院、华南工学院、中山大学等。

关于家属随迁，新校容易解决工作岗位，最后往往安排到附中、附小、医院、后勤等部门。吴宗恩老师的爱人洪少珍调到西大当会计；宋世藩老师的爱人马纯云从华中工学院图书馆调到了西大图书馆；外语系汤庚麟老师来自中山大学，爱人则在上海任小学老师，已分居5年，如今刚好一起来南宁团聚；郑建宣的太太王耀珪在长春的速成中学教过书，做过化学实验员，有能力、有经验，也容易安排。

光有"熟手"显然不够，于是西大又分配到刚刚留苏归来的研究生和刚从国内各校毕业的本科生充当实习教师和助教，他们月薪45元，住两人一间的集体宿舍。

如此这般，到1958年开学时，西大到位教授、讲师和助教一共60多位，后续还有师资不断到来。西大档案馆材料显示，西大复校之初有教授15人、副教授7人、讲师14人，新毕业的实习老师和助教百余人。

1998年版《广西大学校志》记载："1958年6月初至7月底，受广西大学筹备委员会之命，郑建宣教授先后到了北京、黑龙江、吉林、上海、湖北、广东等地，商调回教授、讲师、教员共五十多名（含教育部5月底下达的支援计划）。"

西大领导

再说说西大复校时的领导班子。校长韦国清是广西壮族自治区政府主席，他虽然学历不高，但是很有智慧。由于政务繁忙，韦校长曾对校党委书记黄传林说："西大的工作主要由你们负责，我兼任校长主要是为了便于进行建校工作。"

确实，在协调外部资源、支援西大建设的事务上，韦国清是倾注了心血的。据韦国清的传记记载，他到西大开会，有时会带上自治区计委、财政厅、教育厅、交通厅等有关部门领导，听西大师生反映困难后，立即商量解决。西大校园内的重要活动，如重要年份的毕业典礼，韦国清往往也会抽空参加。

校党委书记黄传林，1917年出生，籍贯广西贺州，曾就读于广西大学附中，是广西大学最早的中共党员之一，和韦国清有延安旧谊。1958年任职西大前，他是自治区监察厅副厅长。

开学之后，黄传林给师生们的印象是待人热情亲和，毫无官架子。路上遇到认识的人，他可能立即主动打招呼，不论什么尊卑先后。他的记忆力特别好，能叫出所有年轻教师的名字。他平时喜欢

"下基层"，到各个饭堂走走看看，喜欢晚上空闲时找青年教工谈话，讲延安故事，做思想工作。

后来跟郑建宣读研的李国运说，他读本科时，住在校大礼堂的小房间，负责管理礼堂二楼的校广播站。有一次胡耀邦同志视察西大，在大礼堂开会，黄传林便叫李国运去端茶，说："就你了，没事的，大胆一点。如果领导问话，该怎么回答就照实回答。"

校党委副书记兼副校长是邓济。他出生于1915年，河北顺平县人，长期在解放区政府的经济部门任职，1958年8月从中央国家经济委员会文教计划局副局长的位置调到广西大学，他是擅长讲国内外大势的政工领导。此外，他也在马列主义教研室担任副主任，兼政治经济学教研组组长。

另一位副校长便是郑建宣了。1958年8月22日经自治区党委批准，郑建宣任广西大学副校长，承担日常教学、科研组织工作。韦国清对他非常尊重和信任，黄传林与他也是配合默契。

关于郑副校长，当时刚刚大学毕业就被分配到西大机械系任教的李泽璇回忆：

他中等身材，有点老态，但还没有龙钟，走路、说话都比较慢，态度平易近人，凡事不激动，是那种典型的知识分子形象。感受得到，他很关心年轻教师的成长，热切希望大家一起搞好教育。

稍后到校的，还有崔毅副校长。他在西大分管劳动，调到西大前是广西师范学院副院长。

这样看来，在当时西大的校领导班子里，只有郑建宣是科研教学的专家，主导具体教学业务。

广西大学原校领导合影（左起依次为黄传林、郑建宣、崔毅、邓济）

激励导正

郑建宣获得自治区领导重视，回广西参与复办西大，他的内心是舒畅的。

从西大物理系毕业后留校工作的刘敬旗，回忆了当年第一次看见郑建宣的情景。1959年国庆期间，中央新闻纪录电影制片厂到西大物理实验室给郑建宣拍摄纪录片。物理系安排了一些学生参加该活动，刘敬旗也参加了。他看到郑副校长非常平易近人，笑得很甜，像慈父一般。

1958年9月，郑建宣成为新成立的中国科学技术协会第一届全国委员，协会主席为李四光。1959年郑建宣成为中国人民政治协商会议第三届全国委员会的42名教育界委员之一，其中还有朱光潜、陈序经、姜立夫、俞大绂、梁思成、许崇清、汤用彤、谈家桢等教育界名流。1960年他增选为政协第二届广西壮族自治区委员会委员、常委，委员中有多位新、老西大教授，如石兆棠、何承聪、汪占辛、张先辰、林焕平、王丕建等。

当然，郑建宣等校领导也面临复校工作的沉重压力，如要克服畏难情绪，以及应对"左"风影响等。

西大在"大跃进"背景下复校于南宁，速度可称风驰电掣，有些建设属于"先上车、后补票"。从1958年底的一份内部情况汇报材料看，由于条件艰苦，有些人员缺乏心理准备。

硬件方面，现成校舍未必适用和足够，学生像中学时代一样住大间寝室。校内没有教学大楼、实验大楼，公差实验室只能安排在已有的小红楼内，有人走动时，木地板砰砰作响，防震和温湿度控制都不达标。图书、仪器需要重新添置，也不能立即到位。软件方面，缺乏高等级师资，每系分不到两位教授。而在复校以前的1950年，单数理系就有教授6名、副教授若干，机械、土木等大系就更多了。

有些青年教工是第一次来广西南宁。他们刚开始认为广西是荒凉和落后的，没有什么工业设备；广西人吃生食，没有什么熟食。但是后来大家了解到，郑建宣是来自边远山区的壮族资深教授，留学英国并研究X射线科技，如今也安心在西大工作，大家自然有所触动，也受到了鼓舞。

郑建宣在东北时，因工作需要，认真学过俄文，翻译过苏联教材，办过苏式实验室。比较之后，他不主张"全盘苏化"，甚至认为应该更多地学习英文。他说："苏联科技是比我们强，但是西方国家比苏联更强。因此，还是要想办法从西方国家获取现代知识。"

郑建宣的这一态度及看法，同样体现在他对堂侄郑义的指导上。

1959年入读西大的郑义是调干生，入学之前就已参加革命工作，是国家干部。郑义就专业选择问题请教郑建宣，郑建宣说："理科很讲基础，你的基础不行，应该去学文科。"于是，郑义进入了外语系英语专业。

开学不久，郑义仍感受到了掉队的压力：全班18位同学，有

17位在中学学过5年英文，而自己连26个字母都搞不清楚。因为先前郑义在俄语业余学校学过两年多俄语，某天郑建宣到班上听课时，郑义提出是否可以改学俄语专业。

"这样不好。"郑建宣说，"你是一张白纸，可以作最美的图画。只要努力学，一定能学好。"他又告诉郑义："英语是世界上用途最广的语言，你学好英语，对今后的工作一定会有很大的帮助。你有俄语基础，可以把它作为第二外语来学习。"

听了这样的话，郑义终于安下心来，开始拼命学习英语。

1961年夏天，郑建宣又来班上听课，提出大家可以选读一些英国经典著作，要了解美英现在的情况，光学中国式英语是不行的。而后系里增开了英国文学史课程，帮助大家开阔专业视野。

1963年郑义大学毕业后被分配到外交部，但是面临入职考试，考不过将被打回原校。因此，当他面对两位负责面试的著名教授时不禁有点忐忑，但最终还是通过了考试，被安排到美澳司工作。郑义高兴之余，给黄传林书记写了封信，说因为母校课程安排合理，既讲语言学，又讲美英概况和英国经典文学，才使自己顺利通过了考试。后来听说，黄传林在师生大会上表扬了郑义。

此事让郑义有两点体会。

第一，是郑教授有远见。当时先有中苏交恶，苏联专家撤离，俄语用途迅速收窄；后有中美建交和中国改革开放，向西方国家派出留学生，英语的用途显著增强。就郑义本人来说，英语更利于他参与外事工作。20世纪80年代初，他曾担任桂林市市长，当时桂林来了很多西方宾客，非常需要一个能了解英语世界的市领导。

第二，是郑教授有政治勇气。在当时的环境下，公开主张学习西方文化、了解西方社会，是有政治风险的。郑建宣当然知道，但他还是这么做了。

关于这一点，曾历任西大校长、自治区党委常委、自治区党委宣传部部长、自治区政协副主席的侯德彭也深有感触。侯德彭1932年出生，籍贯江苏，毕业于北京大学物理系，在中宣部科学处的科级干部岗位上几乎被划为"右派"，下放到广西大学接受劳动教育改造，并被要求匿名和低头。他万万没料到，自己竟然被郑建宣安排试讲，成为助教。

侯德彭后来回忆：

一个炎热的夏日，建宣先生约我到他的办公室。我走进他那简朴的办公室，他正在汗流浃背地读书。原来，他布置我去化学系主讲物理课。

那时我才20来岁，毕业不久，因"反右"运动而从北京中央机关下放广西，从未正式上过讲台，不免有点心怯。他见我如此，就耐心而详细地告诉我应当怎样备课，怎样掌握教材的重点和难点，怎样掌握学生课堂上的情绪和反应。

后来，郑建宣还带其他教师去听侯德彭试讲电学课，指出其优点和不足。在郑建宣的指导下，侯德彭从化学系的普通物理课讲到大课，就连非常抽象的量子力学课都能讲得深入浅出。围观者甚众，学生们总是抱怨下课铃声来得太早。

由于侯德彭的课堂反响热烈，有小报告打到黄传林书记那里。黄传林向郑建宣问及此事，郑建宣说："我让侯德彭讲的是量子力学，不是政治课。我亲自听过他的课，讲得的确好。"黄传林觉得有道理，也就这么过去了。

侯德彭后来在纪念郑建宣的活动上还说到，1958年夏，郑建宣亲自参加西大复校招生，真正按照党的政策做到了"重在表现"。当时有考生被家庭成分和"反右"拖累，而郑建宣选人时，没有看那些东西。

招聘教师也是如此。比如靳为藩是广西资深的化学教授，1949年以前即要求思想进步，1957年却被扣上"窃居高位大搞反党活动"的帽子。一份上级文件显示要将他调离原单位，问西大能否安排接收。文件下面有一句西大校领导同日的阅文批示："要，已去电赵同志。"从笔迹上看，批示者正是郑建宣。

提携后学

主掌西大教学工作后，和以往一样，郑建宣十分注重栽培青年教师，经常通过"听课"与年轻教师互动。所有青年教师的课堂，都可能在最后一排出现他的身影。专业虽未必相同，但他是查看教师风貌是否积极，表述是否流畅，各种教学手段、技巧是否娴熟得体，学生反应如何等，即主要进行教育学方面的考量。

如果讲得还不错，郑建宣便只是听，下课后也就走了，顺带说些鼓励的话，"讲得挺不错啊！""继续努力！"……如果发现存在小问题，例如英语课堂上老师发音不够纯正，他会在课后交流时向老师单独指出。如果发现是授课水平不足，郑建宣就会另寻蹊径，求取改变。物理系吴宗恩老师回忆自己被郑建宣推荐到吉林大学进修的经过：

1960年我在广西大学第一次讲授电动力学课。有一天郑教授对我说："你的工作很努力，但要教好一门课需要有更宽的眼界、更高的观点，这需要积累。我安排你在这个假期到吉林大学找高墀恩教授求教，他是留洋的，有几十年教理论物理的经验，人也挺厚道。"

我到了长春，果然如郑教授所说的，高教授真是恨不得把他的全部经验都倒给我。

回来后，我给59级上电动力学课，教学效果明显提高。在讲完这门课的最后一节课时，同学们除按惯例起立热烈鼓掌外，还为我朗读了一首充满谢意的长诗。

这时我深深地体会到，我的讲课之所以得到同学们的欢迎，都是郑建宣、高墀恩两位前辈对我关怀帮助的结果。

在科研方面，郑建宣也是倾尽心力帮助年轻人。有一次，吴宗恩和助手李荣润正在讨论一个电子与原子碰撞的问题。郑建宣说，搞科研不能闭门造车，要找更高水平的专家商讨，路才会宽。他要吴宗恩把当前的研究情况简单写下来，连同他自己写的一封介绍信，一起寄给吉林大学的芶清泉教授。芶清泉是郑建宣的老同事，是原子、分子理论领域研究的活跃专家。芶清泉接到信后的第二天，立即寄来一份内容非常丰富的资料，包括相关课题的国内外动态、处理方法、计算公式等，并热情地提议：可以在课题研究基础上成立一个小组，长期合作。可惜那时西大复校不久，人力、物力有限，长期合作未能如愿。

在"文化大革命"的"抓革命促生产"阶段，南开大学宫学惠教授建议吴宗恩研究一个中微子与原子核相互作用的课题，吴宗恩一直举棋不定。已经"靠边站"的郑建宣从旁出主意，提醒吴宗恩直接与校革委会领导谈，这样既能取得经费来源，也可以名正言顺，避免被指为"白专道路"的风险。吴宗恩照办，事情果然顺利。这个课题，为他在十年后到美国阿贡国家实验室进行学术活动作了铺垫。

"四人帮"倒台后，侯德彭向吴宗恩提议，在全国未动之前抢先在"核—核"相互作用方面做研究。之后，《广西日报》记者登门采访，说是郑建宣的安排。吴宗恩担心这样太张扬，郑建宣则说："让人家早知道你的工作，你的路就好走。这也是给你的压力和动力。"郑建宣还把吴宗恩介绍到复旦大学找中国科学院学部委员卢鹤绂，说："卢鹤绂是西大的旧人，他会帮你的。"吴宗恩到复旦大学后，卢教授果然非常热情，以古稀年纪亲自陪同他查资料、对数据。

从这些事可见，郑建宣每次发现向前、向上的机会，对中青年教师便是千方百计地推、拉、扶，展示出纯粹的教育家本色。郑建宣曾经在杨溪如教授在座时，对年轻教师说："我们老一辈有为你们年轻人开路、铺路的责任，你们尽管干，即使有失误，只要不是弄虚作假，我和杨主任也会帮你们承担部分责任的。"

西大复校初期，在一篇作于20世纪60年代初的《广西大学副校长郑建宣教授传授学术专长的规划（草稿）》中，郑建宣提出：

第一，五年内为本校的物理专业亲自开出或指导青年教师开出课程，包括亲自开X射线金属学，指导刘义昌开金属物理学，指导陈荣贞开X射线金属学实验课。

第二，指导物理专业两门课程的任课老师提高教学质量，包括光学课以及原子物理学课。光学课的方式为，1964—1965学年内，以参加听课、进行教学法指导的方式，指导本课程任课教师李德辉同志进一步提高教学质量。原子物理学课，在1966—1967学年第一学期，指导这门课程的任课教师张敏良提高教学质量，方式同上。

另外，对由自己具体指导的几位青年教师，包括蒋贻安、刘昌义、陈荣贞、潘毓英、李德辉、张敏良和来自中南矿冶学院的一名进修教师等人，郑建宣提出了更细致的要求：某某同志在某个学期要听什么课，要负责辅导和协助导师编写讲义，要按照先后顺序读完某几本书、完成某几个实验并写作论文等。

可见，郑建宣将东北人大时期培养青年教师的经验带到了广西大学，而且依然是那么细致和用心。

组织科研

"大跃进"期间，在喧嚣、浮躁之下，西大及其物理系仍然努力启动学术科研活动。

复校之初的西大曾有过一些不切实际的科研目标，基本未能实现。1964年校方的一份总结报告《过去科研学术活动开展情况》提到：1958年"大跃进"期间，我校曾一度掀起开展科研学术活动的高潮。但是，因为各系所提出的科研项目不够切合实际，缺乏可靠的基础和条件，所以绝大多数项目未能实现。虽然这一时期科学研究工作的成绩不大，但是教师在实际活动中得到了一定锻炼。

到1961—1962学年，西大主抓教学秩序和教学质量，较大的科研项目暂时中止。

之后，随着教学秩序趋于稳定，开始有了毕业生，西大又逐步启动学术科研活动，主要由教学完成较好、有余力的教师量力而行。其间有两项重要工作：一是建设广西大学学术委员会，二是举行广西大学第一届科学报告会。

广西大学学术委员会成立于1964年1月，是校务委员会领导下的咨询机构，目的是加强本校科研和学术活动，组织评定学术成果等。组成人员为：

主任委员：郑建宣
副主任委员：余克缙

委员：龙季和、杨溪如、周其勋、刘启邠、甘怀义、李建焜、王宗濬、李建超、巫安泰、胡尘（兼秘书）

从名单可见，成员皆是各系的学术骨干。学术活动得到了校领导的信任和尊重。9个系又各设学术小组，设组长1人、组员4~5人。

依托校内学术组织，西大着手组织首届广西大学科学报告会，目的是检阅一年来的科研工作成绩，交流教学工作经验。

报告会设立矿冶、电力、机械、化工、土木、数学、物理、化学、外文、政治理论十个专业组，由相关教师宣读自己提交的论文报告，内容是近一年间自己完成的研究成果。优质文章经校学术委员会审议后，上升至校级宣读。文章依据体例类型，又分为科研论文、读书报告（书评）、技术革新、实验研究、实验报告、调查报告、教学法研究、毕业设计、综合报导等类别。例如化工系教授萧达文提交的《吸收理论的研究概况》，报告性质为书评，完成时间为1964年4月，质量较优，被安排进行校级宣读。

该活动历经详细的先期规划，于1964年6月8日至13日每天下午（共6个半天）在校内举行。活动共收到报告文章110篇，提交报告者91人，约占全校教师总人数的1/4。教授、副教授发挥了带头作用，有50%的人提交了报告。

如今看来，该活动可以理解为，在学术出版缺乏的年代，以宣读的形式来发表论文，与同仁交流，接受评议，从而起到督促和鼓励教师开展学术科研活动的作用。这正如郑建宣致活动开幕词时所说，其作用是活跃学术气氛，提高学术水平，提高教学质量。这种活动形式类似于郑建宣当年在桂林召集的物理学会年会活动，因此郑建宣将它办得有板有眼。

除了全校性的学术科研，物理系的相关活动也日见蓬勃。物理系位于校园内的一幢两层小红楼里，小红楼建筑总面积有300多平方米，作为办公、教学和实验设施之地，极为局促、紧张。有些空间白天作为教室，晚上则变成了学生的实验室。

在这里，郑建宣在奔忙全校事务之余，也指导物理系建设金属物理教研室，并带队把相应实验室从无到有地搭建了起来。从一间空房子，到购置设备零件、装配和调试设备、开实验题目、完成实验、发表论文，他始终出现在第一线。这个实验室因为有郑建宣挂帅并充当学术带头人，获得了国家科学技术委员会（今科学技术部）、国家自然科学基金的资助，逐步得到巩固和发展。

此外，郑建宣不时给物理系师生做学术报告，给本科生上光学课，还组织金属物理读书班……他在物理科研教学领域忙得不亦乐乎。

在西大物理系之外，郑建宣曾经另有一个科研平台。1961年中国科学院广西分院物理研究所成立，聘郑建宣为顾问，指导金属物理研究组的建设和研究。1962年上半年，该物理研究所被调整为广西科委下属中心实验室的物理研究组。然而，由于广西压缩机构，该研究组几近停摆。郑建宣觉得丢荒太可惜，便向自治区领导提议，逐步将该机构并入西大物理系，并依此启动了西大物理系的合金相图研究和人才培养工作。

该机构在广西这个相对贫困的地区，在广西大学这所新建学校落地，实验室建设一定会面临设备瓶颈。郑建宣要求大家不要坐等，不要旁顾，要在现有条件下稳扎稳打，做到最好。他举例说，当年在小布拉格的实验室，曝光一张 X 射线图，快的要3小时，慢的要一天一夜，又没有更多设备，怎么办？大家就排白班夜班，轮流上阵；没有轮上的人，就看书和写报告。如此这般，也把研究做下来了。

这是勤奋，也是一种专注。他谈到物理学史上著名的迈克尔逊-莫雷实验，说那些科学家为此默默坚持了几个春秋，每个科学工作者都应该如此敬业和奉献。这位念过师范专业兼擅教育的科学家还讲起了寓言故事。有一群小朋友，在果林里爬树摘果子。有一位小朋友爬到树上之后，往外看，觉得外面树上的果子总比自己树上的多，于是爬下去，改爬另一棵树。几次三番，总是觉得如此，时间也花完了。其他小朋友都摘到了很多果子，他却收获极少。当中的道理无疑是，要找到自己的领域并坚持下去，才能成功。用郑建宣经常挂在嘴边的话是：干一行，爱一行，专一行。

1962年从西大物理系毕业的甘幼坪，被分配到郑建宣主持的物理研究组当实习研究员，在郑建宣的直接指导下研制合金相图。他记得，当时该组有捷克的X射线粉末照相机、苏联的大型金相显微镜及几台高频炉，还有其他一些精密仪器，在国内相图学科实验室中堪称一流。

甘幼坪记得，郑老师经常强调，做合金相图需要过硬的技术，但又不是单纯的技术活，还需要广泛坚实的理论基础和问题解决能力。物理专业出身的学生，金属材料的专业知识还有所欠缺，因此郑建宣组织了一个读书班，由三名实验室人员和物理系几位教师共同参加，任务是读通乌曼斯基的名著《金属学物理基础》。

具体的学习方法是，在个人钻研的基础上，每人分头准备一章，每星期利用半天时间给其他人讲课，而后大家进行提问和讨论。隔一段时间，大家还要复述书中的主要内容，以避免遗忘。郑建宣带头讲课，也同大伙一起听课，并启发讨论和辩论。遇到年轻人普遍搞不清楚的问题，他则给大家讲解。

读书班活动持续了半年时间，郑建宣非常认真。此外，他还指导大家如何查找国内外文献，如何发现研究空白和选好题目，如何在设备有限的情况下做简单而高质量的实验，这些都令大家受益匪浅。甘幼坪认为："可以说，是郑老师手把手地教会了我们如何做合金相图科学研究的。他的教诲真是'春雨贵如油，润物细无声'。"

在实验紧张的阶段，郑建宣几乎天天都来实验室查看，听取实验人员的汇报，参与讨论和解决问题。他还给大家讲故事，讲他与陆学善、余瑞璜等人在英国做研究的经历，以此生动地说明了研究物理学的门道，并给大家加油打气。最后，他总能使大家踌躇满志，立志在合金相图领域做出一番事业。

经大家一同努力，这个实验室产生的数篇优质论文成果都发表在中国权威的物理学学术期刊《物理学报》上。来自北京、沈阳甚至国外的专家参观后表示，难以相信这么多高质量论文、优秀人才都出自这个缺乏足够先进设施的实验室。

由于领导了金属物理的教学科研，并取得实际成绩，郑建宣在西大，尤其在物理系树立了威望。而他对年轻人依然毫无架子，继续保持细心和耐心的态度。物理系青年教师刘敬旗记得，1966年初他们有一篇论文发表在《物理学报》上，当时他在玉林参加"四清"，郑老师便专门将样刊寄到玉林进行报喜和鼓励，令他非常感动。由此，实验室所有人都全心投入科研，其他问题则交由郑老师来协调。大家觉得他是"定海神针"。

这个时期，郑建宣还致力于广西物理学会的活动。《中国物理学会七十年》第九章《广西壮族自治区物理学会》部分显示，1942至1963年，广西物理学会第一届理事会的理事长是丁西林，副理事长是郑建宣；往后两届至1982年，理事长皆为郑建宣。其间郑建宣做过不少实际工作。例如1962年初夏，由广西科学技术协会组织，郑建宣在玉林主持召开了广西物理学会恢复活动的筹备会，并于1963年8月在南宁召开了第二届代表大会，郑建宣被选为理事长。往后，该学会举办了60余次学术、教学和科普主题活动，举行过数次中学生物理竞赛，出版学术期刊《广西物理》，为广西物理科学的发展做了有益贡献。

家属返邕

话题回到1958年，郑建宣调回广西，家小自然随同，除开已经入读大学并独立生活的孩子。

回程也有先后顺序。郑建宣约于4月份先动身，各方面准备得差不多后，7月间郑太太再带着孩子们跟进。

12岁的三女儿韵兰回到西大，念附小六年级。附小随西大一并"复校"，也是气象独特。韵兰记得本年级即本班，只有6个同学，却来自北京、广州、武汉、沈阳等不同城市，各自带来了不同的玩具和游戏。她从长春来，甩陀螺甩得很棒。韵兰还记得有个同学来自图书馆职员家庭，说北方的冬天有雪，很好玩，但是爸爸妈妈喜欢南方……

这些只言片语的童年记忆，皆是1958年西大在南宁复校时的雪泥鸿爪。另外，由于西大教员多为刚毕业的单身青年助教，因此西大附小生源枯竭，不久后就与附近的广西农学院附小合办了。

小学毕业后，韵兰以优异的成绩考入了重点中学——南宁三中。该校在南宁市东郊，韵兰平日住校，周末往返西大，要在水塔角和广西医学院中转。韵兰好想拥有一辆自行车。爸爸就问："韵兰，你班上谁有自行车？"得知别人都没有，都是走路或者坐公交车，父亲便说："那你凭什么要求自行车呢？不要搞特殊化，我是决不会同意你买自行车的。"

还有一件事，15岁那年韵兰有了蛀牙，疼得哇哇叫，要去看医生。恰好那一天父亲要去医学院看病，韵兰说："好呀好呀，我可以坐父亲的车。"父亲却说："这是西大的公车，你没有资格坐呀。"韵兰只好自己坐公交车去，去到医院时，父亲已经看完病，坐专车原路返回了。

韵兰一时觉得有点委屈，不过长大后回想：父亲是对的，小孩子要融入同伴，要将注意力放到学业上来。那时，三中同学成绩都很好，但家境殊异。有些家境贫寒的同学对于每月8元的伙食费，得分四次才能凑齐给学校。韵兰没有搞特殊化，跟同学关系很好，大家都很喜欢她。

韵兰的两个哥哥志鹏与志坚，每年寒暑假从北京回南宁，也是背着行李从火车站步行回西大的。为郑建宣开车的刘昆山师傅回忆说："从没见过郑先生用公车办私事，更没见过他的家属用车。我为他开了二十多年车，还没认完他的家人呢！"

再说到郑家女主人。郑太太王耀珪的父亲早逝，哥哥也因急病早逝，只留下19岁守寡的嫂嫂曹颖，携远房亲戚家的孤女荣芳与老母亲为伴。家里一应大小事往往要她拿主意，于是养成了她的勤劳、麻利、独立和刚强。这二三十年间，跟着丈夫从梧州到桂林、长春，再到南宁，她也展现了这些品行和个性。

民国时期，教授太太通常是不工作的，年轻时靠丈夫，年老了靠儿女。出去工作容易被指为无依无靠，也就是给家人丢脸。大学肄业的知识女性王耀珪可不管这些，有事就去做。她认为，女人一定要经济自立，再苦再累也要坚持上班。

郑建宣在英国读书期间，王耀珪除了带小孩，还在梧州担任实验小学主任。往后家里孩子越来越多，丈夫的工作也越来越忙，她仍然尽力上班。1949年前后，她曾在西大电机系当办事员，工作不辞劳苦，态度热情。数十年后还有同事跟郑家姊妹提及："王老师不但腿勤、手勤，还动员自己的两个儿子当系里的'义务通讯员'，给各位老师、员工送公文和信件。"小哥俩勤快而可爱，送信后向对方讨要漂亮的邮票，往往能得到满足。

在长春期间，王耀珪曾任教于东北人大开办的长春工农速成中学①，教数学课。她还曾在东北人大化学系担任实验员，工作认真细致。

在南宁西大，王耀珪担任过图书管理员、化学实验员、中小学数学教师等。小女儿韵蓉记得，某次放学回家，发现自己忘记带钥匙，就去化学系实验室找妈妈，看到妈妈在处理一些瓶瓶罐罐，叮叮当当响。妈妈的衣裤上时常能看到酸碱腐蚀的痕迹，那是妈妈工作留下的印记。在西大当化学实验员期间，王耀珪几乎每年都获得"先进工作者"称号。担任西大附中数学老师期间，王耀珪巧妙地表扬了一位后进生，激发其自信心和学习兴趣，此事成为影响他人生道路的转折点。该学生后来考上了唐山铁道学院，工作后担任柳州铁路局设计院院长。在"文化大革命"动乱时期，他惦念他的老师王耀珪，曾专程到南宁看望。

在努力工作的同时，王耀珪坚持履行家庭主妇职责，下班后自己烧蜂窝煤，做饭烧水。有时忙得不可开交，便差遣孩子到食堂打饭菜（只有在长春时，有一段时间实在招架不住，她才请过保姆帮做做饭菜）。

两个儿子在北京读书，王耀珪每月都会寄去生活费，并附上一封亲笔信，告知家庭平安，勉励哥俩珍惜时光，学好真本事；同时要锻炼身体，注意营养，不要省钱。郑志鹏回忆："见到母亲那端庄、娟秀的笔迹，读着充满感情的来信，知道家里发生的一切，那是每个月我们最期盼的时刻。"

三年困难时期，王耀珪想方设法把饭菜做得可口，"瓜菜代"②让全家吃饱，尽量有营养。夫妇俩还把平时省下的粮油副食票留出来交给孩子们。

---

① 工农速成中学是中华人民共和国成立初期的成人中等学校，面向文化程度低的革命群众。多由大学开办，后来多转为大学附中。

② 指经济困难时期倡导的以瓜果蔬菜代替粮食，以副食代替主食。

王耀珪的努力对家庭影响甚大。首先，丈夫郑建宣可以专心承担繁重的教学科研及领导工作。其次，增加了家庭收入，提升了生活品质，有时还能接济经济困顿的亲友。王耀珪退休后，一直享有公费医疗，用她的话来说是"不拖累丈夫和儿女"。再次，给女儿们做出了自强不息的示范。郑家女儿成家后，无论家境贫富，在政府、学校或工厂就业，都勤勉认真，善于享受工作之乐；都能经济自立，同时又相夫教子。她们认为，这是来自妈妈的影响。最后，积极的工作态度也增进了她本人的健康，这可能是她长寿的一个原因。

到了老年，王耀珪的性格才显得保守。她拒绝照相，总是说"不照，丑死了"。只有志鹏回家探亲时，她才跟大家去到南宁照相馆合拍一张全家福。这不就是无数中国老母亲的性格缩影吗？

非常年月

1958年西大复校之后，赶上了各种政治运动。复校初期，全国上下"教育革命"正当头，西大校内也存在学生给老师贴大字报的现象。到1966年，更狂热的风暴犹如脱缰野马，向着全国，也向西大奔袭而来。

西大机械系毕业生李家国曾在宿舍楼下亲眼看到，自己十分尊敬的郑建宣副校长遭到游斗，并听说有"红卫兵"来到郑家，拿走一百元作为"大串联费用"。1967年初，广西形成了尖锐的派别对立，西大成为其中一派的据点之一。

某天，在北京中关村中国科学院工作的郑志鹏突然被通知有人找，出去一看，竟是自己的父母。只见两人伛偻着身子互相搀扶着，因北方天气转凉，还抖抖索索的，完全是一副难民的样子，哪里还有大学校长伉俪的风采。原来，由于当时南宁秩序过于混乱，两人临时决定趁乱逃离，简单收拾衣物就上路，来不及通知任何人。郑志鹏见状真是又惊又喜又后怕。

郑志鹏住单身宿舍，没有房间，于是找到另一个人——雷瀚教授的儿子。雷瀚当年被数理系主任郑建宣聘到西大任教，两人志同道合，相处甚欢。后来雷瀚去到北师大任教，可惜因病早逝。但是，他在第七机械工业部工作的儿子雷式松仍和郑志鹏有交谊。雷式松有空房，很快安排好他们的住处，大家借来被子，让他们落下脚来。

一段时间后，郑建宣夫妇听闻广西局势稍微平息，便回了南宁。不料却遭遇回马枪，郑建宣一下子被扫进了"牛棚"。之所以被错划为清理对象，与他过去的经历有关。据《韦国清上将主政广西二十年》记载，有一次黄传林向韦国清谈到，郑建宣有入党的要求，但是他的档案里存有两张照片，使得有人提出了不同意见。那两张照片摄于解放前夕的桂林，刊登在当时的报纸上。一张是"桂林各界人士迎接白崇禧回桂林"，一张是"白崇禧召开戡乱会议"，画面中都有郑建宣。

韦国清、黄传林两人商量后达成共识：从旧社会过来的人，总有这样或那样的旧关系，只要本人提高了认识，向组织作了交代，就不要老抓住不放。韦国清还说："郑建宣当时作为西大理工学院院长，叫他去迎接他能不去吗？叫他参加会议他能不参加吗？现在要是我从北京回来，办公厅通知你去接，你能不去吗？当然，我们不会搞这一套。"这事就这样过去了。

没曾想"文革"爆发，那两张照片又被翻了出来，而且"红卫兵"抄家时，抄出了郑建宣与英国曼彻斯特大学校友会联系的英文信件，因此郑建宣失去了自由。

郑建宣的"牛棚"在西大化工大楼，是西大复校后韦国清定案建设的楼房，也是郑建宣曾经倾注心血的地方。郑志鹏回广西探亲，去给父亲送被子，看守人员凶神恶煞地问："你是谁？你从哪里来？"而后向郑志鹏宣读"政策"，要他与父亲划清界线。郑志鹏见不到父亲，软磨硬泡，总算让对方接受了一个常识：天气冷了，无论好人坏人，总是要盖被子的。对方终于答应转交被子。

这些冲击让郑建宣感到十分痛苦。知识分子的内心是敏感的，何况他对那些历史问心无愧，更何况那些如此羞辱他的人曾经是他用心教育的学生！

在非常时期，有不少因羞愤而跳楼的教授。郑建宣的幸运在于一直有妻子王耀珪的陪伴、关心和鼓励。他每次挨了批斗和训斥，或者被强迫劳动、写"斗私批修"的文章，回家时心情极度沮丧，都是妻子安慰他、开导他，甚至是督促他，跟他说："建宣，你要想得开，这不是你一个人的事，现在哪里都很乱，某某人也受到了批斗。"这样一说，郑建宣就感到自己不是唯一艰难的人。

在妻子的开导下，郑建宣在不平顺的遭际中坚持了下来。后来他对儿子们提过："那些时候全靠你妈帮助我渡过难关，给了我活下去的勇气。"

然而，在风雨飘摇的日子里，郑建宣更多是忧虑国家的前途。国务院新闻办原主任赵启正与郑志鹏兄弟是大学同学；赵父赵景员是南开大学教授，与郑建宣是挚友。赵启正在回忆文章中说："郑老来京短住期间，曾多次表示十分忧虑党与国家前途，十分忧虑中国教育事业停滞的现状，却很少谈及个人处境。"

"文化大革命"结束后，有一位母亲拉着当初热衷"表现"、恩将仇报的儿子来到郑教授的家，当面赔礼道歉。内心刚强的王耀珪当即称不接受，而郑建宣表示接受了。在他看来，愿意来道歉，总归是有心向善的。

就在中国政治烟尘弥漫的1970年，国际《晶体学报》为小布拉格教授举办了八十寿辰纪念活动。小布拉格撰文《曼彻斯特的时光》，列出了二十世纪二三十年代曾在曼大跟他做过研究的七十六位学者名单，其中就有郑建宣、陆学善、余瑞璜三位中国学生。他在文章中对这些中国学生的勤奋、聪颖、孜孜不倦的钻研精神，给予了很高的评价，并表达了深切的思念。这位导师可能不知道，当时他的那几位中国学生只能将那段美好的记忆深深地埋藏到心底。

逐步平靖

话说广西两派冲突被叫停，各地的秩序有所恢复。1973 年 10 月，黄传林再度出山，担任西大革委会主任。

西大副校长郑建宣在"文化大革命"爆发阶段被打倒。到了革委会阶段，大斗大批已经过去，他不再遭受直接冲击，但也事实上离开了校领导岗位。郑建宣毫无怨言，因为他本就志不在权，被解除行政职务后倒可以安静地想想自己的专业。

随着动荡高峰的过去，"抓革命促生产"被提出，研制电子元件和攻关炼钢技术成为了物理系的两项重点工作。系里的刘敬旗老师记得，当时全国掀起了研制生产半导体可控硅元件的热潮。约在 1970 年下半年，西大物理系申请并获批创办南宁市无线电十五厂，研制半导体硅整流器，原金属物理组的郑建宣、陈荣贞、张文英等都参与其中。当时郑建宣已经年近古稀，身体不太好，但依然同大家一样，每天坚持走路上下班，认真参加研磨和测量硅片等生产环节。

混乱过去之后，韦国清着手恢复柳钢。据刘敬旗回忆，在 1971 年下半年或 1972 年初，根据韦国清指示，西大物理系组建了新合金钢研制小组，组长为郑建宣，副组长为刘敬旗，组员有庄应烘、陈荣贞、张文英、李德萱、林长净、林福曾以及校办工厂派出的四人。该小组的目标是：研制出主要依托我国丰富资源的新品种合金钢，以技术方案支持柳钢。

但是，研制工作遭遇了全方位的困难：缺乏技术经验，缺乏场地，缺乏冶炼设备和大功率供电系统。总之一句话，除了新人和上级支持，什么都没有。

郑建宣首先抓技术学习，于是大部分组员花了一个多月的时间，到南宁冶金矿山机械厂学习。与此同时，小组向上级申请购买制作电弧炉炉体所需的钢材，并到横县钢铁厂学习设备制造。而后，大家拿着买到的材料拼凑其他设备的外壳，完成了设备制造。

刘敬旗记得，当时物资非常匮乏。买两根镀锌水管都要经广西科委审批，然后自己用木板车从科委拉回来。冶炼需要焦炭，申请两吨即使获得批准，也只能自己拉着板车去车站，在铁轨边的草丛里翻捡散落的焦炭，还不能捡多了，因为要过秤。

准备工作完成，进入试冶炼。当时因电力不足，只能安排在星期天或深夜学校用电少的时段。郑建宣虽然年事已高，但是每次开炉，他都早早赶到现场，与大家一同观察、分析和讨论。

1974年，郑建宣指导青年教师用工频炉炼合金钢

经过种种努力，从无到有，该小组研制出结构钢40MnVNb，而后也试验了一些高速钢，进行了全面总结，并向上级提交了报告。到1976年下半年，试验工作基本结束，小组成员各自回到原来的部门。

这样看来，"文化大革命"时期的后面几年，郑建宣的工作状态算是充盈的。虽被迫离开了实验室，但总归是围绕着自己热爱的合金工作，"躲进小楼成一统，管他冬夏与春秋"。

郑建宣的学生李国运说："当时也有人写郑老的大字报，但自治区层面有人保他，加上郑老德高望重，也不掌权，还积极投身生产，因此没有受到大的冲击。""文化大革命"结束后的1977年底，在政协广西第四届委员会第一次会议上，郑建宣还当选为广西壮族自治区政协副主席。

第五章　风采昭示来许

迎来春天

1976年"文化大革命"结束，广西大学也逐步恢复了正常运转。1978年底，覃应机任校长，黄传林任书记。"文化大革命"前曾兼任西大校长的韦国清，已转赴广东任职。次年，覃应机成为广西壮族自治区主席，广西大学再次进入自治区主要领导兼校长的状态。

由于"文化大革命"冲击了考试制度，大学停招或招收"工农兵学员"，这非常不利于国家建设人才的培养。因此，"文化大革命"甫一结束，国家领导人坚决恢复了高考制度，修改了升读大学的政审标准。

在这样的大背景下，广西大学开始启动新的招考机制，校园洋溢着新的活力。后来成为郑建宣研究生的钟夏平、周怀营，就是在那时进入高考考场，考入西大物理系的。研究生招考也相应恢复，李国运、曾令民等"文化大革命"前入学的大学生，相继投考郑建宣教授门下。

伴随着高考的恢复，"科学的春天"也随着全国科学大会应运而生。1977年6月，全国科学大会开始筹备。1978年3月18日，全国科学大会召开。邓小平在开幕式上发表重要讲话，全场掌声雷动。与会科学家们欢欣鼓舞，有的激动得流下了眼泪。在31日的闭幕式上，86岁高龄的中国科学院院长郭沫若发表题为《科学的春天》的书面讲话，著名播音员虹云现场诵读，其过程几度被掌声打断。那篇具备诗人浪漫气质的演讲稿，登上了次日的《人民日报》。

1977年，广西大学物理系工作恢复正常，金属物理实验室随后更名为金属物理研究室，在郑建宣指导下开展稀土合金相图的研究。后来研究团队成员逐渐增加，最多时达到14人，西大成了国内第一个合金相图研究基地。在这里，国产和进口设备有所增加，实验方法由常规的X射线粉末衍射法、金相法、差热分析法扩展到X射线衍射、电子探针、扫描电镜、穆斯堡尔谱等方法。研究室的建设获得了国家科学基金的资助，底片等重要耗材经广西科委批准，在香港购入。

1979年郑建宣与研究室的同志
进行政治学习

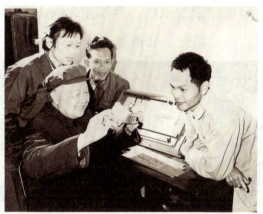

1979年郑建宣与研究室的同志分析实验数据

1984年郑建宣与研究室的老师及研究生合影

郑建宣组织物理科研可谓轻车熟路。他知道有些事可以统筹推进，对未来怀有信心。

早在"文化大革命"爆发前，郑建宣就有意在西大招收研究生。他在东北人大任教时培养了3名硕士研究生，在西大可以如法炮制。西大复校几年后，物理系有了毕业班。学生们回忆，郑建宣去班上看望学生时说："你们好好学，到了县里或者其他单位，不要丢掉专业，有朝一日会用得上，将来我要招研究生的。"他还在高年级学生当中组建学习小组，并指定年轻老师负责，任务是督促大家看书学习，强化基础，准备下一步冲刺考研。

1964年广西大学物理系六〇甲班毕业合影（第二排右八为郑建宣）

后来跟随郑建宣读研的农亮勤说，他在中山大学物理系读本科时，关注过《光明日报》刊登的物理学研究生导师名单，似乎见过郑老师的名字。可惜在那时，春天还没有到来，种子无法萌芽。

到了1978年，郑建宣终于率领庄应烘、陈荣贞等团队助手，建起了广西大学第一个能独立颁授学位（非与他校合作培养）的硕士点，并开始招收固体物理专业金属物理方向的硕士研究生。

当时国务院学位办对硕士点把关甚严，正教授职称是招收研究生的必要条件。郑建宣作为西大学术科研的台柱，对于招研也非常认真和慎重，仔细审读、推敲每个考生的档案。有个考生考试成绩不错，但被传人品高傲自大，不应招录。郑建宣特意安排刘敬旗不远数百里赴该生工作单位实地调查，发现传言不实，最终决定录取。有人说："进入面试的人有多个，直接选一个不就行了？"郑建宣说："不能这样，因为可能遗漏人才，对考生也不公平。"

郑建宣对"工农兵大学生"投考研究生有所顾虑。当时大学招生办法是发动群众来评议相关青年人的政治表现、实践经验、文化程度、健康状况等，选拔（而非通过考试）优秀者入大学深造。从道理上讲，这有利于理论与生产实践相结合，培养政治可靠的技能型劳动者。然而，什么文化程度可以接续大学教育是教育学的专业问题，如果交由群众评议，就容易乱了套。获推荐的学生往往文化底子差、学力不足，有些进了大学还得补习初中课程。

研究生入学后，郑建宣亲自过问课程安排、论文选题、实验方案等事务，甚至包括他们的日常生活。当时的研究生就读后虽然有津贴，但是往往已经拖家带口，有的人为了给家人多存些钱，千方百计省吃俭用，甚至故意不吃。就此，他专门提醒过他的研究生，除了要照顾好家庭，还要养好身体。

为了让大家集中精力学习，专注精神做实验，在78级研究生开学前，郑建宣要求将他们的宿舍安排在实验室的楼上。

郑建宣指导研究生

学生徐国雄本科时学的是金属热处理专业，与研究生方向不大匹配，因此有些课程学得很辛苦，身心压力大，一度出现了头晕和食欲不振的情况。郑建宣特地到校卫生院给他找了个专门的房间，利于他边休养边坚持学习。此外，郑建宣还经常安排太太给徐同学做几个菜，算是补充营养，此举让徐同学感动得热泪盈眶。

郑建宣很强调年轻人的体育锻炼，鼓励大家在上课和实验之余，每天运动一小时。他以自己为例说道："我在武汉读书的时候是篮球队的主力，别看我个子小，但是动作很敏捷，投篮很准。"他的儿子郑志鹏当年初到长春，罹患伤寒病，病后体弱，休学一年。经过他的鼓励，儿子积极锻炼，竟获得全市中学生游泳比赛第一名。

在学习研究方面，郑建宣除严格要求学生们要做到实验认真、数据准确外，仍特别强调英语学习。与研究生谈话，他会过问最近读了哪篇英文期刊文章，里面说的是什么，并让翻开给他看看。有时他甚至突然飙出几句英语，看学生们如何应答。此前，郑建宣推荐一些大学毕业生参加金属物理科研工作，也讲求英语基础，理由很简单：最前沿的研究论文是用英文刊登的，你要先看别人做过没有、做到什么程度（在当时，苏联科学家做的实验，也经常用英语来发表论文成果）。

当然，选好课题也很重要。先前，郑建宣的团队以常规合金相图作为研究对象。随着我国包头稀土矿的发现和开采，以及稀土合金的独特性能受到关注，郑建宣敏锐地以"稀土合金相图和相关系的研究"作为研究生的课题方向，认为这是可以出新成果的。

定好了题目就像播下了种苗，而后郑建宣像一名辛勤的农夫，每天下地浇灌育苗。他除参加必要的会议和审读《物理学报》论文稿外，几乎每个上午都去实验室询问情况，检查进度。开始时他慢慢地走着过去，后来拄着拐杖去，直到坐上了轮椅。

如今我们通过查档，能看到那一时期郑建宣研究生所学的课程及学时。

公共必修课：马列主义理论（72学时）、第一外语（即英语，108学时）、高等量子力学（72学时）、固体物理（72学时）、现代物理实验方法（54学时）

专业必修课：X射线金属学（72学时）、金属物理（72学时）、群论（72学时）

专业选修课：微观缺陷理论（72学时）、合金热力学（72学时）、相图（72学时）、电子显微镜分析（36学时）

此外，还有第二外语以及30学时的教学实习。

在20世纪80年代初，郑建宣甚至想直接招收博士研究生。他说："广西还从来没有招过博士研究生，我打算申请招几个。但要4年才能毕业，我不知道能不能活到82岁。"很可惜，由于种种原因，郑建宣没有能实现在西大招收博士研究生的愿望。

……

除了致力于研究生和研究所的建设，郑建宣还积极推动学界交流，组建全国相图专业委员会，是他在这方面的"代表作"之一。

1978年10月，正当科学界春风吹拂之时，国家注重结合本土资源的基础研究，于是国家科学技术委员会制定了《1978—1985年全国科学技术发展规划纲要》，这份纲要确定了108个重点研究项目，其中的"材料学学科规划"置入了相图研究的课题。国家科学技术委员会建议广西大学承担稀土相图研究，并负责规划协调国内为数不多的稀土相图研究工作。于是，稀土相图研究协调组应运而生，并在南宁举行了第一次全国性的稀土相图学术会议。

这样安排的考量因素之一或许是郑建宣身在南宁。郑建宣取得中国科学院李薰、柯俊、李荫远等院士的支持后，联络中国科学院金属研究所及物理研究所、北京科技大学、北京有色金属研究总院、东北大学、中南矿冶学院等单位，召开了此次会议。会议推选郑建宣为协调组组长，陆学善为顾问。

依托这一机构和相关前期工作，1981年经中国物理学会常务理事会批准，中国物理学会增设相图专业委员会，郑建宣被推选为第一任主任委员，该委员会挂靠在广西大学至今（后来西大物理系庄应烘教授曾担任该委员会主任委员，庄应烘、曾令民先后担任过秘书长）。

该委员会虽隶属中国物理学会，但其成员开放地包罗了多个行业的相图工作者，实际上是一个全国性的相图学术组织。该平台所交流的内容，从研究对象看，包括了合金、非金属无机物、熔盐、熔渣和岩石等；从服务对象看，则涵盖了冶金、化工、材料和地质等行业；从学术性质看，既有试验相图，也有计算相图，还有和相图密切相关的相平衡及其热力学基础。

在南宁召开的第一次稀土规划会议由郑建宣筹备、组织和主持，庄应烘、曾令民等中青年教师和研究生义不容辞地担当起跑腿的工作。

记得当时火车卧铺一票难求，飞机班次不多，机票还受制于办会经费，但是，学者们对于赴南宁交流的热情不减。于是乎，长途交通成了问题。郑老吩咐年轻人："你们要想办法，半夜排队也得买到票呀。老专家从北京等地大老远来一趟不容易，坐硬座是不行的。"

曾令民绞尽脑汁，终于想到一位在铁路部门上班的堂嫂，由她向车站极力陈说，终于得到特批照顾，获得了一批重要接待任务用途的卧铺票。

往后几年，在郑建宣的关怀和支持下，全国性的相图学术会议继续召开，学术气氛保持活跃，论文的数量不断增加，论文涉及的内容面在不断扩大，论文质量也不断提高，向社会展示出材料科学广阔的研究空间和应用前景。

后来，在2003年郑建宣先生诞辰100周年纪念会上，曾任中国物理学会相图专业委员会名誉主任的北京科技大学教授张维敬评价说："郑先生以其在学术界的威望和谦逊、勤奋的美德，完成了前期组织工作。我国相图工作的发展以及研究队伍优良传统的形成，都是和第一任主任委员郑先生密切相关的。"

张教授所说的"优良传统"，就是融入了郑建宣个性的学界合作精神——团结共进、积极举旗、热情办事，构成一种良好的传承和循环。曾令民说，郑老很强调这一点：要互相关照，不要互相排斥；要成人之美，不要拆人之台。这些让大家生动地学到了专业书上所没有的东西。"老院长没有架子，很亲切，也让我们感触良多。"曾令民补充说。

在会议之外，郑建宣也是这样去做的。外校同行打来电话，需要帮忙熔些合金样，西大物理系这边立即安排人力物力，不取分文；中南矿冶学院有教授做计算相图，需要借助实验来检验推算结果，西大物理系这边立即着手配合……

郑老的垂范引起了学界广泛的共鸣。那些年，全国物理学界的院士们来到南宁，几乎都会来西大看望郑老。中国科学院院士、中国物理学会原理事长、南京大学教授冯端说，郑老这杆旗不能倒。

郑老延请校外专家来邕参加其研究生的答辩组，专家们也是有求必应。例如，参加李国运答辩组的梁敬魁教授（后为中国科学院院士），既是 1981 年那次南宁会议的参与者，也是目睹郑老风范而被感召的新一代物理学人。

1982 年吉林大学物理系曹建庭教授等一行拜访郑老

郑翁风范

行文至此，无妨对郑建宣先生的风范有所归纳，我们能看到一个怎样的郑建宣呢？

第一，对自然科学的崇尚。

郑建宣是在西大首任校长马君武的重视和提携下成长起来的，他深受马校长的影响。

马校长对自然科学有着非凡的热情，认为这是保卫和建设国家的必然要求，先进的兵器比写标语、喊口号更加重要。与此相应，郑建宣也热爱自然科学，对于自然科学改造世界的伟大能力深信不疑。

马校长的自然科学观，一方面是求实用的。把自然科学视为经世致用、建设国家的工具，而非沉溺在其本身的趣味中，甚至将之视为玩物。与此相应，在"文化大革命"后期，郑建宣无法进入自己的实验室，转而参与某些与金属物理相关的工科领域工作，他也是坦然投入。

另一方面，马校长审视自然科学的视野又是深广的、专业的。他曾以巴斯德发明微生物的玻璃片显微法为例，说道："纯粹的科学研究有时看来好像没有用，但只是有待人们发现它与人类生活的关系而已。"对于掌握了科学知识的大学生，马校长反对将他们用作普通士兵，主张让他们把专业性发挥出来。相应地，郑建宣也反对用政治对自然科学进行肤浅、狭隘的图解，比如关于"劳动"，不应该简单等同于农民扛锄头、工人举铁锤时挥汗如雨的场面，还应包括学生阅读、理论家静思、实验员伏案观察等。后者也是劳动，也有重要价值，也应得到相应尊重，而非低人一等。在郑建宣看来，对微观晶体世界的研究，要具备数理理论基础，不是在农田或车间里表现得好就能完成的。

第二，对教育事业的专注。

自然科学研究大自然的规律，教育学则把这些研究的成果和方法传递给求知者，让成果被用于创造，让方法被用于发现更多成果，这也是郑建宣毕生致力的事业，他为此孜孜不倦、殚精竭虑。郑建宣到了晚年，挂着尿袋到实验室指导学生，那种专注于教育事业的精神令身边人感到震撼。

专注的精神体现在用心上，他会随时盘算任何影响达成教育目标的状况，无微不至。有一次，大概是看到了关于推广壮语的新闻，郑建宣说："现在学生很辛苦呀，语言要学普通话、要学英语，现在还要学壮语。"还有一次，周怀营到医院探望老师，病榻上的郑建宣突然说："你的论文里有一条公式，没有用对呀……"他的脑海里随时在考虑学生的"学"，这真是一位因沉浸所致而有时显得"高蹈世外"的教育家。

专注的精神还体现在耐心上，若发现对方不能一蹴而就，那就分几步走，有章有法，循循善诱。郑建宣不仅对学生是这样，对自家孩子也是如此。郑家三女儿韵兰至今还记得这样一件事：

在长春读四年级时，有一次作文被评了3分（最高分是5分），我回家后愁眉苦脸，甚至哭了，觉得作文太难。

父亲见状，立即前来过问："韵兰，你在干嘛呢？看起来有点不高兴呀。"

于是我一下子就把烦恼都倒了出来。

父亲就与我交谈："不要紧的，那么今天要写什么呢？"我说："要写《难忘的一天》。"

当父亲得知我最近的活动是游览了长春南湖公园时，就启发说：

"你游了南湖，多美好呀！你先写一个总体的印象，然后写看到了什么有趣的东西。"我说："金鱼最可爱了。"父亲就说："那你怎样描写金鱼的可爱呢？"

在父亲的步步引导下，我的这篇作文得了5分，这让我对作文恢复了信心。

如今在韵兰看来，父亲很懂教育，她也以此告诫家人：对小孩要多一点耐心，一步步来，不要急躁，不要抱怨。另外，韵兰还感慨："父亲工作那么忙，还关心我的一篇作文，他总是那么令人温暖。"

专注的精神也体现在贴近学生的生活上。郑建宣在《怀念马君武》一文中说道："马君武晚上时常到学生宿舍检查自习情况，看谁不在学习，看谁遇到了什么问题；有时也抽查学习进展，例如让学生念一段英语，看读音是否正确、意义是否理解。如此这般，既能评估教学效果、判断教师能力，又与学生建立了感情。"

郑建宣对马君武"以师事之"，承袭了这种方法。曾任西大党委书记的覃光恒在怀念郑建宣的文章中说："除亲自讲课之外，他还经常深入教学第一线，到各班去听课。数、理、化课程他都听，并到学生中去了解情况，然后向讲课教师提出意见，商量如何提高讲课效果。"试想，这不就如同专注求胜的将军忍不住冲到前线战壕、贴近指挥吗？

第三，推崇大学科研，勇争上游。

曾经有人觉得，西大是地方院校，主要任务是依照教纲上好课，培养好大学生。这种态度，郑建宣是不赞同的。在他看来，大学集中了智慧型人才，也应该量力投入科研，力争走在科学界的前沿。大学生毕业后要进入社会工作，或者升读研究生，都离不开研究问题的精神和能力，因此大学老师要提前为学生考虑并给予帮助。

　　那么多人搞科研，自己如何挤到前沿去？这就回到了前面所说的，要勤查资料，了解学科空白，找到最适合的方向和角度，靠选题正确、方法巧妙来进行弥补（他的这种观念也影响到了儿子郑志鹏，郑志鹏也是力主大学要重视科研的）。

　　第四，"中西结合"的个性风采。

　　郑建宣拥有开阔的、国际化的科学视野，并鼓励青年师生也如此努力。他有西方科学家身上常见的追求真理、勇攀高峰、严谨务实的精神，注重独立判断。同时在其他方面，他又是个传统的中国人。郑志鹏评价父亲说："东西方文化在他身上有完美的结合。"

　　郑建宣的性情颇见传统：中庸、敦厚、低调，与人为善，注重乡情和人情。他对全州怀有热烈的感情，因为他是全州女婿，而且他的孩子也是在全州出生并被养育的。1980年，《广西大学学报》的学生记者蒋钦挥采访郑建宣老先生时，郑老听出了蒋钦挥的全州口音，立即核实并高兴地说道："蒋同学，我太太也是全州人，我的两个儿子志鹏、志坚都是在全州生的。"他还记着志鹏出生时，接生医生是石阿姨，全州话叫作"石嬢嬢"。当他得知蒋同学平日喜欢读地方史，还特意题字赠送了一本《李宗仁回忆录》。

　　郑建宣也时常惦念家乡宁明，他给儿子们讲过宁明的花山、榕峰塔和各种奇山秀水。1973年，他在广西大学会见来访的宁明同乡、旅美物理学家黄克孙时，两人用家乡话交流了几句，倍感亲切。1982年，宁明县县长来西大拜访郑建宣，邀请他回乡走走看看。当时两地交通不便，要在二级公路上颠簸三个多小时，老迈的郑建宣已经难以承受。于是他特意召回刚从美国讲学回京的儿子郑志鹏，由儿子代表自己回乡，给家乡的中学生做报告，到先人的坟墓前祭拜。

　　郑建宣很注重家庭和子女教育，乐见儿孙满堂。当初听说长子志鹏出生，忙碌的郑建宣兴奋不已，特意从桂林赶到全州探望了一天。郑建宣对于儿女的成长倾尽了心血，他爱他的每个孩子。

入党问题

郑建宣原本是无党派人士。中华人民共和国成立后，他参加过民主党派——中国民主同盟。但是，他对中国共产党的印象颇佳，这来自他对身边中共党员的认识。

1952年王耀珪作为家属去到东北人大，成为该校所办的工农速成中学的一名教员。因教学任务重、家务繁忙，她的身体有些吃不消，有一次竟然晕倒在课堂上。工农速成中学方面赶紧打电话到物理系找郑建宣，不巧郑建宣已外出上课，接到电话的物理系党支部书记温希凡担心误事，立即前往处理，将王耀珪背到医院急救。幸好王耀珪只是身体虚弱，血糖过低，及时治疗后并无大碍。党支部书记救下了郑建宣的太太，郑建宣由衷地感激。

1958年，郑建宣回到西大，加入了中国民主促进会，是广西大学历史上第一位民进成员。在与韦国清、黄传林等中共领导干部的交往中，他感到默契和舒畅。党委书记说的话，他特别信。于是，在20世纪60年代初，他提出了加入中国共产党的想法。

如前所述，由于所谓的历史问题，有些人对郑建宣入党持有不同意见。韦国清和黄传林商议后，排除非议，赞同他加入中国共产党。可惜，这项工作尚未来得及落实，"文化大革命"就开始了，一拖就是很多年。

正所谓"塞翁失马，焉知非福"，"文化大革命"期间的郑建宣不是中共党员，不掌学校大权，这恰好为他免除了不少"罪名"。

实际上，在"文化大革命"动荡的高峰期过后，郑建宣的政治处境已经明显好转，据说是韦国清"过关"后为他说过话。1972年7月，郑建宣继续负责金属物理组的工作；8月，他被自治区革委会政治工作组任命为广西大学教育革命组副组长。他是第三届、第四届、第五届全国人大代表，也在自治区人大、政协担任过重要职务。

粉碎"四人帮"之后，郑建宣还是想加入中国共产党。他对同住一栋小楼的覃光恒书记说："三十年前我就申请入党，'文化大革命'中抄家，把我的入党申请书烧掉了，但我不灰心。我对党的信仰不变。"他认为，"文化大革命"终结和平反冤假错案说明中国共产党具有自我纠错的能力，于是他再次向中共广西大学物理系党支部提交了入党申请。

物理系当然没有意见，然而郑建宣已是自治区政协副主席，相关事项要待上级商定。偏偏郑建宣时常碰到物理系党支部的人，因此一见面就询问进展，但对方答不上来。最后是，在没有得到上级批复之前，物理系党支部书记只好躲着郑老，远远看见就绕着走。

到1982年，郑建宣申请加入中国共产党一事终于获得了上级批准。物理系党支部党员大会特意在郑建宣家里举行，79岁的郑建宣加入了中国共产党。

侯德彭后来说："入党后，郑先生以更大的热情投入到工作和研究中。我认为，如果从政治上评价郑先生，说他是一位优秀的共产党员，他是当之无愧的。"

莘莘高足

郑建宣毕生从事高等教育，兢兢业业六十年，可谓桃李春风，硕果累累。只可惜现在已经很难找到一份完整的郑建宣学生名单。根据有限的资料，我们只能大致按桂林西大、东北人大、南宁西大这三个时期，撷取部分学生代表来介绍。

第一，桂林西大时期。

当时数理系属于西大最小的系，学生人数常常是工科系的三分之一、四分之一，甚至更少，有时仅略多于农学院的森林系、畜牧兽医系。

尽管如此，郑建宣亲手栽培过的数理系学生中，还是产生了不少杰出人才。

据20世纪40年代的学生徐家鸾回忆，其同学忻贤杰，后来毕生献身于中国核武器事业，最后在任核弹实验场场长期间逝世；同学蒋一苇，中华人民共和国成立后担任过机械工业出版社社长；同学屠铸才，一解放就是上海军管会干部；同学曹秋生（陈太一院士夫人），中华人民共和国成立后是中国科学院电子研究所的研究员……徐家鸾本人则是美国马里兰大学的客座教授、著名的激光物理学家。

陈太一，1921年生于江苏苏州，抗战时期的1941年8月入读西大数理系，1944年7月离开桂林。历任解放军通信兵科技部总工程师，南京通信工程学院教授、副院长，总参通信部科技委委员等职。1997年成为中国工程院院士。他在晚年的回忆录《平凡、坎坷、幸运人生》一书中，回忆了当年与郑教授等良师益友的交往。

因战事影响，陈太一从上海逃难到香港，又转到桂林入读广西大学。办好借读手续，解决了贷学金问题后，他便去数理系报到。"系主任郑建宣教授是一位长者，和蔼可亲，他是壮族人，是著名的金属学家和教育家。他和陆学善先生等人在英国师从金属学家布拉格，他当年测定的一些数据一直沿用到二十世纪末。当时的插班考试是做一篇英文作文，郑主任认为我写得不错，并对我远道而来、只身离家表示了慰问。而后三年，我都得到了他热心的关怀。"陈太一回忆道。

最令陈太一难忘的是，郑建宣教授为避免他因贫辍学，为他找了份兼职工作。当时光靠贷学金不足以支持生活，他一度依靠在昆明邮局工作的姐姐。然而在1943年，姐姐调离昆明邮局后，收入少了很多，加上物价上涨，陈太一难以维持。于是郑教授介绍他到附近的景崧中学上高中几何课，每周去两个下午。

后来陈太一曾在中山大学任教，也帮助过一位来自泰国的华侨学生，该生同样在学术上取得了优异成绩。陈太一说："我是在学我的老师，以他为榜样。"他是在1998年西大70周年校庆期间回校时说到这件事的。

陈太一后来还说："如果没有郑建宣教授，就不会有我的今天。"在他临终前，郑志鹏和西大校友会秘书去医院看望，他还提到这些事，表达了感恩。

1949年入学的莫保民是我国红外线领域的专家，他曾受到过郑建宣教授的特殊关爱。抗战胜利后，他发奋读书，只上过一年初中的他，直接报考汉民中学高中部。考上之后，仅用一年时间学习，又考入了位于桂林的广西大学。大二那年，因拗不过西大档案注册部门的硬性要求，莫保民老老实实填写了一份坦白书，将缺少高中毕业证书的前因后果交代了出来。时任理工学院院长的郑建宣，仔细了解了莫保民大学期间的学业情况后，决定宽大处理。从此，莫保民终于可以堂堂正正、安安心心地在西大完成学业了。

1953年莫保民大学毕业后，来到第二机械工业部在昆明的一间军工厂工作。当时该厂有个久拖未决的技术问题：光学水准器的质量严重影响了大炮的精度。厂长让这位新来的小伙子想想办法，莫保民连续两个月蹲在废品库里寻找废零件，拆卸、组装，终于制成了一台水准器检测仪。结果产品不仅百分之百合格，还成了免检产品。毕业不到两年，他就被评为1955年昆明市一等劳动模范。后来，他研制的红外线夜视仪核心部件领先于国内其他著名研究机构的成果，第二代倒像式微光像增强器荣获国家科学技术进步奖二等奖。另外，莫保民还有纸币真伪鉴别仪等发明。

第二，东北人大时期。

郑建宣在东北任教期间的学生宋家树①、王世绩②、陈佳洱三人后来都成了中国科学院院士。

这里着力说说核物理学家陈佳洱院士。他第一次做科学研究，就是在郑建宣的指导下进行的。2022年1月他忆及了七十年前的依稀旧事：

我于1950年进入大连工学院电机系。入学一段时间后，学校动员数学、物理成绩较好的同学转到应用物理系，给予工分奖励，可凭工分到教工食堂就餐。最后物色到30个同学转系，包括我在内。当时的系主任是光学家王大珩，校长是曾任刘少奇秘书的历史学家吕振羽。

在应用物理系，我们学的课程还比较基础，包括数学课（记得老师是一位会说中国话的日本教授）、化学课。物理课只上了一门理论力学，授课老师姓何。这个时候，我还不认识郑老师，他没有上我们的课。当时有"思想改造"运动，由学生做老师的思想工作，我被安排联系一位姓程的女老师，不是郑老师。

1952年院系调整，我们班去到位于长春的东北人民大学。吕振羽校长也调到东北人大任校长。大连靠海，有漂亮的公园和火车站。到了长春，则看到宽阔宏伟的大街，更具北国风情。在东北人大，学校给操场浇上水，很快就获得了一个滑冰场。我和班长宋家树都

① 宋家树，金属物理学家、材料科学家，1932年3月生，籍贯安徽舒城。1949—1952年先后在南京大学理学院、大连工学院学习，后转到东北人民大学。参加过第一颗原子弹、第一颗氢弹关键部件的技术攻关。1993年当选中国科学院院士。

② 王世绩，核物理学家，1932年9月出生于上海。1952年成为考入东北人民大学物理系的第一批学生，1955年被选派到北京大学机密物理专业学习。后来，他是中国工程物理研究院上海激光等离子体研究所研究员并成为中国科学院院士。

喜欢滑冰，上完课、考完试，就一起去做冰上运动。长春比大连更寒冷，可以滑三个月，大连则只能滑一个月。

这年秋季，东北人大物理系一开学，我们就上到了郑老师讲授的热力学课程（此时他是金属物理教研室主任），由此认识了郑老师。这门课是很不好教的，它不像力学那般看得见、摸得着。我发现郑老师备课认真勤恳，而且很会讲课，使用学生能听懂的语言，因此大家都喜欢听。另外，他非常有耐心，为人和善，好说话。有的同学一时跟不上讲授内容，他也不急躁，不断调整表述，最后总能让人听得懂。在我们班的授课老师当中，郑老师可能是最有耐心的。

除了授课，郑老师还鼓励班上成立几个科研小组，由学生自愿报名参加。我参加的小组有四个同学，研究郑老师提出的一些题目和参考书。然后，在辅导课上，我们要把研究进展和结果跟郑老师讲，有时也在班上作汇报，郑老师给我们点评。如果哪个地方讲得好，他会给予热情的鼓励，这让我印象很深。

可以说，我平生第一次做科学研究，就是在郑老师指导下进行的。由此，来到东北人大的第一学期，我就对物理研究有了兴趣，这为我后来做毕业论文和研究物理学打下了非常好的基础。

1955年陈佳洱调离东北人大之后，他没有再见过郑建宣老师，后来才听说郑老师回了广西，当了广西大学的主要领导。

陈佳洱倒是见过郑志鹏。当时郑志鹏任中国科学院高能物理研究所所长，陈佳洱从美国归来，计划与高能所联合建立北京超导研究中心。郑志鹏主动提起"过去我父亲要我向您学习"的话题，陈佳洱才知道对方是郑老师的长子。他感慨道："郑志鹏的性格很像他爸爸呀！都是实在、憨厚、对人和善、好说话。""并不是所有搞科研的人都是这样。"

陈佳洱还见过郑家师母。有一次，他偶然出差到广西，便怀着感恩的心情，专程去到郑老师的家，一栋位于广西大学校园内的小别墅。那时郑老师已经仙逝，师母也已是九十多岁高龄了。

第三，南宁西大时期。

西大在南宁复校后，郑建宣负责教学科研的全面组织工作，给本科生上课不多，倒是在"文化大革命"结束后培养了一批研究生。从其中几个研究生的故事里，我们能更全面地看到那个时代，看到郑建宣。

【1978级研究生李国运】

在南宁西大时期的郑建宣弟子圈中，李国运无论从年龄上还是入学年级上，都是响当当的大师兄。1958年西大在南宁复校，他是从南宁一中考来的，成为复校后的首届物理系学生。大学毕业后，李国运去到广西都安县下坳乡中学，做了15年的山乡中学物理教师。

"文化大革命"结束后，李国运已经结婚生子，想调回南宁。广西农学院农机系物理教研室有缺额，他积极争取，自治区文教办也已批准申请，然而都安县不肯放人。于是，1978年李国运报名参加考研，全县共有63名考生集中应考。考试结束后，监考人员对他说："看来你能考得上。"李国运说："咦，何以见得？"对方答："因为就你的试卷写得满满的，还要求加纸。"

果不其然，李国运顺利地通过了考试，以读研的方式重回西大。同门还有王淳正，籍贯广东，毕业于中山大学物理系，来自广西大化水电站；徐国雄，籍贯江西，毕业于中南矿冶学院，从事石油行业。三人均已有妻小，都感到再读三年时间太长。

没想到，郑老师洞察了他们的顾虑，晚饭后约见三人，说："当年我去英国读研究生，和你们年纪差不多，一去三年，天天都忙着读书，时间过得很快的。"而后，郑老师带三人去参观实验室，说："你们三个都很聪明，但是要注意，只可以互相捧台，不要拆台。"

李国运在西大读研三年，一半时间用于学习英语和专业课，另一半时间用于完成论文。毕业论文投稿给《物理学报》后，编辑回信时故意质疑说，某个地方应该是怎样的。李国运思考后果断回信"并不是"，之后他还是拿到了用稿通知，满足了郑老师对于研究生论文质量的基本要求。

到论文答辩环节，李国运面对的专家是中国科学院物理研究所的梁敬魁等人。郑老师能把全国知名专家请到南宁，李国运用南宁话说是"老头子威信要紧呀"。

完成了硕士学业，李国运获得了中国科学院金属研究所（沈阳）提供的免试升读博士的机会。对方称，郑老的学生报名就可以。李国运最终因个人原因没有前往，而是成了广西壮族自治区分析测试研究中心的"开荒牛"，曾任该中心总工程师。王淳正申请到了加拿大的学校，后来在那边成了一名工业企业家。徐国雄回到了石油系统，后来听说是去了美国。

忆及当年郑老师给大家确定的研究题目，李国运说，其长效如今逐步显示了出来。例如，家用变频空调比一般空调省很多电，是巧妙利用了材料的磁性，这离不开相图研究。

【1979级研究生曾令民】

1968年曾令民本科毕业于西大物理系后，先到部队接受了一年半的再教育，后到柳江县（今柳州市柳江区）参加工作。1979年他从柳江县师范教职上考回物理系做研究生。

一同录取的农亮勤比曾令民小一岁多，是中山大学物理系1964级学生，读研前已经是一家工厂的副厂长。

1979年9月的一天，两人被通知去郑老师家。郑老师热情地与两人握手，先让他们吃糖果，而后询问先前读书、工作和家庭的情况。郑老师还高兴地说："去年第一批招的研究生中没有中共党员，没想到今年这一批两个都是呢。"

转入正题后，郑老师首先强调学英语，说要跟上国外研究的步伐。当时，西大金属物理研究所订阅的资料确实全是英文的。于是，这两个先前学俄语、如今已三十四五岁的研究生，从零开始学英语。

1982年，曾令民、农亮勤二人获得了硕士学位。农亮勤被分配到广西民族学院（今广西民族大学）工作，从一般老师晋升到教授，牵头建立起材料研究室，行政方面先后担任系副主任、系主任、系总支书记、学校教务处长、学校二级学院院长等职。

曾令民则留在西大工作。有一天，郑老师对他说："做相图研究要会发现新相，还要把新相的晶体结构解析出来，定出新相的成分、所属晶系、空间群和各原子的结构参数等，那就更有意义了。可惜我现在年纪大了，不然，我可以教你怎样测结构的。"

郑建宣所说的解析晶体结构，业内俗称"做结构"。自从1962年西大开辟金属物理实验室，郑建宣一直在做相图，未涉及做结构，如今他又是精力不济了，于是曾令民便自学。到郑老去世几年后的1993年，曾令民结合X射线粉末衍射技术，首次完成了先前在研究Ag-Cu-Y合金相图时发现的新金属间化合物$Ag_3Cu_{12}Y_5$的晶体结构测定，得到了学界肯定。他沿着郑老师指引的方向，实现了郑老师的遗愿，并由此被破格晋升为教授。

曾令民留校数年后，曾获得一次赴美攻读博士学位的机会，可惜没能通过托福或GRE考试。之后，曾令民暗下决心，加倍努力学习，终于攻下了英语关，把握住了到加拿大不列颠哥伦比亚大学物理系学习和美国能源部Ames实验室交流的机会。这也是在沿着郑老师指引的方向前进。

【1982级研究生钟夏平、周怀营】

1980年、1981年这两年，因缺乏适合的生源，郑建宣没有招收研究生。1982年，有钟夏平、周怀营两人从西大物理系本科毕业后投入郑老门下。

"文化大革命"时期,钟夏平随父母下放至河池,后在当地一所初中做工人和教师。该校校长是李国运的同学,某天李国运来跟校长借书备考,钟夏平有所触动:"咦,到这年纪了还要考试呀!那我也试试吧。"于是,钟夏平成为了西大物理系1978级本科生。

念到大三时,他面临学习理论物理和金属物理两大方向的选择。前者的招牌老师是杨溪如教授,后者则是郑建宣教授,钟夏平选择了后者。只是郑老年事已高,只带研究生,本科生无缘听他的课。

1982年钟夏平考上了研究生才和一道考上的本科同窗周怀营第一次面见郑老。被邀请到郑家后,郑老师夫妇用糖果、糕点和茶水招呼他们,拉拉家常。随后谈到了专业,师母便退到房间里,忙她的事情去了。这是郑建宣召见研究生的惯例,只是到了这一批研究生,郑老已行走不便,也不再担任自治区政协副主席,接近于在家养老。他请研究生到家面谈的频次,从原先的每周一次逐渐减为每月一次。往后在实验阶段,郑建宣很少能去实验室了,在家面谈的次数又多起来。

在研究生阶段的学习中,钟夏平、周怀营二人对郑老形成了两点鲜明的印象。

一是郑老对科研的热情。郑老对金相研究的理论和实践都把握得清清楚楚,而且记忆力很好,知识丰富,对于相关的各种理化知识都能画龙点睛。每当和学生谈到专业时,他的神色就会比平时更好一些。

二是郑老循循善诱。他能发现对方的优点,同时也能觉察对方的忧虑,而后给人讲故事、摆道理,"以前我如何如何""以前你们有位师兄如何如何",总能说到对方的心坎上,最后能让人打开心胸。周怀营总结说:"每次去见郑老师,进门时是愁云惨淡,出门时是云开雾散,浑身是劲,踌躇满志。"

在郑老这面旗帜之下,金属物理研究所风气良好。钟夏平举了一个例子。

郑老因为精力不济，给钟夏平、周怀营二人安排了具体指导老师，分别是陈荣贞教授和庄应烘教授。庄教授出生于1933年，从武汉大学毕业后，到中国科学院金属研究所读研并工作，1958年西大复校时被郑老师邀请到西大任教。陈教授的籍贯是四川，1934年生，在东北人大跟郑老师读研，将近毕业时被郑老师带到广西，大家评说她是善于分析、洞察力强的业务型教师。

钟夏平、周怀营二人研究生毕业，留西大工作后，面临一个赴沈阳攻读博士的机会。该安排谁呢？庄教授权衡再三，把机会给了陈荣贞教授所带的钟夏平，理由是：在专业水平对等的情况下，钟夏平的英语水平更好，更利于完成博士学业。钟夏平说："在长期的共事中，陈教授与庄教授之间存在一点工作见解方面的分歧和矛盾。但这就是郑老带动的好风气，研究所不存在'谁是谁的人'的思想，唯才是举，只求更大、更好的育人成果。"

1990年12月，钟夏平完成了博士学业，又到中国科学院物理研究所做博士后研究，再回到广西，先后任西大副校长、桂林理工大学校长等职。

周怀营留校后，担任过金属物理研究室副主任，后转入行政岗，曾担任桂林电子科技大学党委书记、校长。

1983—1984年，西大金属物理研究所仍以郑老的旗帜招收研究生。只是郑老风烛残年，力不从心，具体工作只能托付给年轻一辈的教授了。

"文化大革命"结束后，郑建宣共培养了10名硕士研究生，有4人继续深造攻读博士学位，3人成为大学校长，1人为全国人大代表。除两人在国外发展外，其他研究生皆承接郑老衣钵，为国家教育、科研作贡献。

鞠躬尽瘁

岁月无情，郑建宣在60多岁时就出现了高血压。到1981年，78岁的他又因前列腺疾病面临造瘘手术。

医生说要有思想准备，因为这种处理的预后并不乐观。术后伤口会出现反复感染，身上还要佩挂尿袋，生活上非常不便。

西大医务所的医生每天来到郑家两次，每次花费三四十分钟进行清理、消毒服务。几次之后，王耀珪学会了，便不再麻烦医生，自己来做。当时王耀珪也已经71岁了，一直有这样一位尽心体贴的妻子，郑建宣深感欣慰。他在妻子70岁寿辰时，写了一首咏怀诗《祝贺吾夫人七十诞辰》。

二十为夫妇，不觉古稀年。
白头情弥笃，逆境爱犹坚。
助夫成事业，教子成良贤。
晚年逢盛世，欢度美姻缘。

然而，这些细致的照料，包括使用自治区特批的进口药材，也只是有助于降低感染的频率。术后的郑建宣还是需要经常住院，情况稍有好转便又转回家居住。1984年夏，郑建宣突发心脏病，入院时已经昏迷不醒，经医务人员通宵抢救才苏醒过来。

1984 年郑建宣和妻子王耀珪合影

郑建宣每次住院，孩子们都来照看他。在南宁的女婿们孝顺且有担当，轮班去值守。郑建宣会细心地过问他们的工作、学习和家庭情况。

研究生们也来看他，他说："不用，你们回去学习吧。"学生们不答应，执意参加排班。于是病房又成了辅导室，郑建宣逐一询问他们的实验进展情况。

出院之后，郑建宣变得更加勤奋，而且固执，因为他隐隐感到上天给他的时间已经不多了。

他每天拄着拐杖到实验室指导实验。耳朵听不清提问，他便叫学生写在纸上，与学生一道讨论。有时刮风下雨，学生让他在家遥控指挥即可，他却说："我在旁边的话，你们可以随时提问。"

"老骥伏枥，志在千里；烈士暮年，壮心不已"，劝是劝不住的。那时郑志鹏回家看见父亲驼着背，一瘸一拐地挪向实验室，艰难而又坚定，像一员倔强的老将重返疆场一样。郑志鹏不禁鼻子一酸，百感交集。

从家到实验室只有百来米距离。有一次，郑建宣在半路上走不动了，把身子倚靠在路边墙角，是过路的人见到后把他扶回家的。

　　后来，家人只好从宁明老家给他请来保姆，推着轮椅送他去实验室。再后来，郑建宣的身体越来越弱，只能由研究生和助手上门汇报了。并且，他不再能准备好糖果，端坐于客厅中央等候，往往是来人到达之后，他才从房间里慢慢地挪出来。他的语速变得缓慢了，但思路还是清晰的。

　　在郑建宣逝世前几个月，全国人大常委会副委员长、中国科学院院长卢嘉锡来访西大，指名要见郑教授。物理系吴宗恩老师与双方都熟，便陪同卢嘉锡登门，他听郑老讲出了这样一句话："很羡慕华罗庚倒在讲台上，而我却只能病在家里。"

　　1987年5月，郑建宣因肺炎陷入高烧，又住进了医院。他走到了人生最后一段旅程。他的免疫力极差，大剂量的青霉素也无法控制病情。侯德彭去看望他时，见到这位老校长身形瘦小、秃着脑袋，说话已经很吃力了，但仍忍着病痛谈研究所的工作、谈他的研究生，绝口不提自己的病况。侯德彭端详着恩人那慈祥而憔悴的面容，心中阵阵酸楚。

　　郑建宣入院一个多月后，一天凌晨，李国运在星湖路的家中突然听到电话铃声大作。李国运连奔一千多米，赶到广西医学院附属医院，这时郑老已陷入昏迷。等到另一拨人从更远的西大赶来，郑老已经驾鹤西去。

　　这样说来，郑建宣是由他的研究生李国运送走的。命运真是一位剧作圣手，为教育家设计了如此适配的人生落幕方式。如果要给这最后一幕起个标题，不妨叫作"鞠躬尽瘁"。

　　郑建宣告别仪式在广西政协礼堂举行，过程进行得非常艰难，因为致悼词者情不自已，屡屡停顿。据李国运回忆，话筒前的侯德彭是"一路讲一路哭"。他哭的是他的恩人，恐怕也在哭自己的坎坷命运。西大老书记黄传林则在接待室伤心地拭泪。后来黄传林来到郑建宣家，安抚遗属王耀珪时，他自己控制不住，又一次失声痛哭起来。

西大1934级校友何忌，曾在西大复校工作上与郑建宣共过事。他写了一首《悼郑建宣》，在称述品藻中蕴含着肃穆的反思。

不求功业无庐同，八桂求新奋读书。
渡海承师求哲理，学科救国又华胥。
经纶颠沛悲长夜，创业荆榛苦骞驴。
休道栋梁甘作柱，才华半与岁华虚。

诗家自有其深邃与独到之处，以这些诗句对照郑建宣80多年的人生履迹，真是令人嗟叹。

在郑建宣身后，学生们完成了他未能带完的相图实验，只是，郑老再也不能一直坐在旁边和接受提问了。他们所做的稀土合金相图及相关系的研究，获得了1987年国家自然科学奖及广西的奖项。郑建宣从1984年到1986年组织实施的课题"铁系合金相图及相关系的研究"也得以完成，获颁国家科技成果证书，中南大学金展鹏教授、劳动部和社会保障科学技术委员会庄育智教授、中国科学院金属研究所吴昌衡研究员等八名专家提供成果鉴定。在相关成果报告和获奖证书上，郑建宣的名字排在第一位，并且被庄重地加上了黑线框。

在郑建宣逝世三周年之际，《郑建宣合金相图论文选集》正式出版，该书汇集了郑建宣一生丰硕的学术成果。时任中国科学院院长卢嘉锡为该书题词。

《郑建宣合金相图论文选集》及时任中国科学院院长卢嘉锡为该书的题词

2003年11月1日，广西大学隆重举办了郑建宣先生诞辰一百周年纪念大会，西大党委书记余瑾主持，自治区人民政府副主席吴恒讲话。讲话的还有全国人大常委会副秘书长郑义、自治区政协前副主席候德彭以及郑建宣生前的同事、学生多人。全国政协副主席李兆焯，国务院新闻办主任赵启正，中国科学院院士师昌绪、柯俊、梁敬魁以及吉林大学物理学院院长高锦岳等人发来贺电。

据西大物理系曾令民教授介绍，1962年创办的金属物理实验室，即后来的金属物理研究所，后面发展并更名为广西有色金属及特色材料加工重点实验室，实验室于2003年获批成为省部共建教育部重点实验室，于2010年获批为省部共建国家重点实验室培育基地。后来，在西大校内机构调整中，实验室曾经被转移到学校测试中心，并更名为广西大学材料科学研究所，与材料、环境等院系专业协同发展。

西大金属物理研究团队除了坚守郑老开创的合金相图研究，还掌握了合金单晶体生长、用单晶法测晶体结构、化合物的标准X射线粉末衍射数据测定以及混合物的粉末衍射定性、定量分析等技术。研究成果中有34个新合金相被收入国际无机晶体结构数据库（ICSD）中，有383个合金相的标准X射线粉末衍射数据被国际衍射数据中心（ICDD）收入国际衍射数据库（PDF-JCPDS）中。该团队 1998 年获广西科技进步奖二等奖一项，2003 年获广西科技进步奖二等奖一项，2008 年获广西科技进步奖一等奖一项。

如今，全广西从事金相工作的有四五百人，他们多处在材料行业，且多是郑建宣的"徒子徒孙"。

自己开创的事业后继有人，能被发扬光大，郑老应是欣慰于九泉的。

郑老去世以后，他曾经生活的小院依然寒暑易节，冬去春来。钟夏平说，当初因为在遥远的沈阳准备考试，无法返回南宁参加老师的追悼会，只好邮回唁电，他将此视为人生中的一大憾事。1993 年从北京回到南宁工作后，他每年都去看望师母王耀珪。1995—2000 年，钟夏平在任广西大学副校长期间，想在合理范围内为师母做点事，解决些实际困难，以便稍微弥补心中的遗憾。但是师母已与家人达成一致，坚决不麻烦校领导。当初能让小妹调入西大工作，以兼顾服侍母亲，郑家已经是相当知足的了。后来，一位自治区领导前来慰问，发现郑家的房宅实在太过破旧，特意交待校方将房子粉刷了一轮。

广西大学校园内郑建宣最后居住过的住所

　　郑建宣去世后，郑家小妹韵蓉夫妇就住到这所宅子里照顾老母亲起居。那段时间，韵蓉看到妈妈经常发呆，而后黯然落泪，知道妈妈是舍不下那五十五年的鹣鲽情深，怀恋那夕阳晚霞依依相伴的情景。于是，大家决定带妈妈出去旅游一番。最终他们去到了万里长城，感受了万古与永恒。

　　说到韵蓉，家中姊妹数她年纪最小。当初大人担忧旅途颠簸和天气严寒，没有把襁褓中的她带到东北，而是暂寄在全州外婆家。中学时期，韵蓉开始住校，与父母交流不深，代沟倒是明显。"文化大革命"期间韵蓉到隆安县插队数年，和其他九个女知青一起与当地农民一同进行插田、喷农药等劳作，很受大家欢迎。姑娘们性情开朗，与村里小伙子打牌、说笑，很是开心。妈妈王耀珪感到了紧张："你不要跟农村青年结婚哟，会苦一辈子的！"每次回家，妈妈都要重复这番话，令当时的她感到心烦。现在想来，妈妈这样说，其实也有父亲的意思，只是母亲跟女儿谈这个话题要方便些。

　　回城之后，韵蓉进入南宁市一家工厂工作，她喜欢住集体宿舍、过集体生活，跟同龄人有说有笑，不喜欢回家听老爸老妈唠叨。她才不想像哥哥们那样掺和父母的那么多事情。这就是那个时代一个真实中国家庭的写照。

　　1987年韵蓉调入西大工作。往后夫妇俩陪同照顾老母亲长达20多年，韵蓉算是弥补了当年屡屡分离的遗憾，对母亲尽了孝心。

　　而在大儿子郑志鹏的心中，妈妈一直是亲切的、慈和的，也富于智慧和感召力。每次探亲结束，离开南宁家中时，妈妈都要站到门口送别，令他倍感鼓舞和温暖。

　　郑志鹏大学毕业后，被分配到中国科学院原子能研究所工作，不久后到农村参加"四清"运动。其间，他学会了抽烟，且烟瘾越来越大，不能自拔。有一次他回南宁探亲，被母亲发现了，母亲很严肃地找他长谈了一番："抽烟是个坏习惯，有碍健康。我们家除你之外没有一个抽烟的，你应趁早改掉这个毛病。"郑志鹏顿时觉得羞愧难当。在认真考虑了母亲的意见之后，他向母亲表态戒烟。他说话算数，从此再也没有吸过烟。

1995年，郑志鹏回到广西大学接受校长职务，担当起率领西大冲刺"211"的历史重任。母子相见，王耀珪显得十分高兴，同时又提醒儿子："你是搞科研的，缺少办大学的经验，对西大情况也不是很了解。你回来后要多听各方面意见，多了解情况，不要轻易表态。"

郑志鹏觉得有道理，于是经常利用晚上时间去拜访学校的老领导、老教授。开会时，郑志鹏对大家提出的问题仔细考虑，慎重拍板，稳妥推进工作进展。到1996年10月，西大终于通过了"211工程"评审，成为祖国南疆一所重点大学。借着"211"的东风，独立建校40多年的广西农业大学又与西大合并。郑志鹏不辱使命，也了却了父亲的一桩遗愿。

在广西大学任校长期间，郑志鹏向学校提出不住招待所，要与母亲生活在一起的要求。这也是为了能与老母亲多见面，多聊家常，多享受亲人团聚的温馨。

王耀珪有一个人生信条：不求金玉重重贵，但愿儿孙个个贤。她认为，对一个家庭来说，不是金钱多了就好，要让孩子做好人，崇尚美德，为国效力，这才是最重要的。这也是她对儿孙的期望和要求。在王耀珪90岁时，孩子们找来书法家题写了这句话，装裱并悬挂起来，作为家训。王耀珪在94岁高龄时，又亲笔书写了这句话。

　　王耀珪的身体不算好，90岁以后住院是家常便饭。在南宁的三姐妹经常在西大和医院之间来回跑，既害怕又紧张。然而，王耀珪又总是能扛过来，奇迹般地熬到康复后回家。

　　只是到了晚年，王耀珪变得越来越不爱说话。她静静地坐在轮椅上，不喜欢被打扰。开朗的小女儿曾经和她说："讲讲以前的故事嘛，我们帮你记录下来。"她总是回避。对于抗战和"文化大革命"时期的动荡，她会流露出恐惧的神情，主动阻止别人挑起这类话题。

　　2011年，王耀珪靠近了她人生的终点。钟夏平记得，有一天，郑家三妹韵兰突然打来电话，说她妈妈快不行了，能否帮联系一张普通病房的床位。钟夏平这才知道，师母又被紧急送医院了。既然病情严重，按道理应该去ICU才对呀。韵兰低沉地说："我们商量就不去ICU，不再折腾了。"

　　原来，此次病情非同小可，王耀珪同时出现了肺部感染、发烧、痰堵的症状，而且血压又很高，完全不能实施吸痰操作。如果要手术开喉插管，也延续不了多久，这又何必呢？她确实是太老了，对这样的期颐人瑞，时间已经是静止的东西，那么，就让老人家走得安详一点吧。入住普通病房的第二天，王耀珪以101岁的高龄谢世。

　　2011年11月11日，郑志鹏办完母亲的丧事后离开了家。他走到拐角处回首，看不到慈母在门口送别，内心怅惘，眼泪终于夺眶而出。

　　王耀珪去世以后，子女们商量着把她的骨灰与父亲郑建宣的骨灰合葬。离别了24年，这对患难夫妻终于又相聚了，而且再也不用分离，免去那些离别思念之苦。

　　在合墓仪式上，郑志鹏代表亲人们说："亲爱的妈妈，您现在又见到爸爸了，请把这些年来我们这个大家庭的变化告诉他吧。你们创建的这个大家庭如今已有三十九人，重孙辈就有了七个，可谓人丁兴旺、幸福美满，这全都托你们的福。你们安息吧！"志鹏知道，观念传统的父亲最爱听这样的话了。

郑志鹏还很欣慰于这一点：高寿的母亲算是看到了"儿孙个个贤"。大女儿郑韵萍曾经是成都电子科技大学教授，退休前在电子工业部第十五研究所任高级工程师；二女儿郑韵芝是广西大学化工系副教授；大儿子郑志鹏是中国科学院高能物理研究所所长、研究员、博士研究生导师，著名物理学家；二儿子郑志坚是重要国防单位的研究员；抗战结束后在桂林出生的三女儿郑韵兰，是广西科技厅的高级工程师、处长；小女儿郑韵蓉在广西大学图书馆工作。孙子郑阳恒凭借个人努力，成了美国夏威夷大学的博士，2007年以"百人计划"学者身份回国，现为中国科学院大学物理科学学院常务副院长……大家都在为国家做贡献。

下篇　郑志鹏

郑志鹏，壮族，祖籍广西宁明，1940年6月28日出生于广西全州，1963年毕业于中国科学技术大学。现任中国科学院高能物理研究所研究员、博士研究生导师，美国纽约科学院院士，中国高等科学技术中心顾问。曾任中国科学院高能物理研究所所长（1992—1998）、中国物理学会副理事长、广西大学副校长（1989—1995）、广西大学校长（1995—1997）。

1978年1月至1979年7月，师从丁肇中进行MARK-J探测器的建造，参加了著名的胶子发现工作（获欧洲物理学会授予的特别奖）。1984年，参加北京正负电子对撞机工程建设。1986—1989年，负责北京谱仪的建造和运行。1991—1992年，主持了在北京谱仪上进行τ轻子质量测量的工作，澄清了轻子普适性是否存在的重大问题，该实验当时被誉为50年来最重要的高能物理实验之一。1994年后，组织和参加强子反应截面的测量工作，给出了希格斯粒子质量的上限，受到了国际高能物理界的关注和好评。1996年，带领广西大学迈入"211工程"。曾获国家科学技术进步奖特等奖、何梁何利基金科学与技术进步奖、中国物理学会终身贡献奖、国家自然科学奖二等奖、中国科学院科学技术进步奖特等奖、中国科学院杰出科技成就奖、全国科技信息系统成果奖一等奖、中国出版政府图书奖等奖项。

第六章　中科大的首届学子

考上中科大

1940年，正在广西大学担任物理学院教授的郑建宣和身怀六甲的太太在西大校园散步，碰上迎面而来的马君武校长。马校长微笑着打趣道："什么时候能喝上孩子出生的喜酒啊？"三人其乐融融，一同期待着新生命的降临。而这个新生命，正是1940年出生的郑志鹏。

初中时郑志鹏就经常到父亲的实验室观摩，对物理实验兴趣日增。高中时他就读于吉林省实验中学，当时的物理老师也给了他深深的影响。郑志鹏当时的目标是考上北大物理系。

在高考前夕，《光明日报》刊出的中国科学技术大学（简称"中科大"）创立的消息和首次招生的公告，吸引了郑志鹏和弟弟郑志坚（比郑志鹏小一岁，同在吉林省实验中学就读高三）的目光。

1958年，也正值我国开始实施第二个五年计划，全国上下加快发展经济、科学、教育的心情无比迫切，创办一所培养尖端科技人才的大学成了情势所需。在钱学森、严济慈等科学家的极力推动下，在中国科学院及中央各部委的鼎力支持下，毛泽东主席、周恩来总理亲自批准成立中科大。这是中华人民共和国成立后创办的第一所以科技为主的综合性大学。这所大学由中国科学院和教育部联合创办，中国科学院院长郭沫若兼任校长，中国科学院一众名家执掌教鞭。这样的一所新型大学，不正是郑氏兄弟孜孜以求的大学殿堂吗？

建校初期的中国科学技术大学

　　兄弟俩的报考意愿得到了父母的支持，但仔细阅读招生简章，才发现报考成了问题。当年中科大的招生范围只限于北京、上海等几座大城市，长春并不在此列。怎么办？为了帮助兄弟俩达成报考愿望，郑志鹏的父母想尽了办法，最后联系了两兄弟的大姐。大姐在成都电讯工程学院任教，当时正在清华大学进修。大姐很支持他们的想法，说欢迎兄弟俩到北京报考，她负责安排一切。接着，就是办理从长春考区转到北京考区一系列烦琐的手续：开具吉林省实验中学班主任和校长的同意证明，长春市教育局的转考介绍信，再到办理派出所的相关证明……兄弟俩紧张备考，背后父母忙着打点一切，扫清他们报考的障碍，直至将他们送上开往北京的火车。

1958 年郑志鹏全家合影于北京

（一排右边两位为郑志鹏父母，左一为小妹郑韵蓉；二排左起分别为二姐郑韵芝、郑志鹏、大姐夫周锡龄、郑志坚、大姐郑韵萍、大妹郑韵兰）

"孩儿立志出乡关，学不成名誓不还"，郑志鹏兄弟俩怀抱这样的信念，踏上了首都北京的土地。然而，他们没有时间领略北京的风土人情。大姐和姐夫从北京前门站把他们接到家，精心安排好食宿，陪他们到高考报名站报名、填写志愿。当时兄弟俩填写的第一志愿是中科大原子核物理和原子核工程系（近代物理系），第二志愿是北大物理系。他们借住在清华大学集体宿舍里，度过了紧张的复习和高考阶段，满怀希望又忐忑不安地期待着放榜。

当年中科大的录取分数线竟然比北大、清华都高，所幸郑志鹏、郑志坚兄弟成绩优秀，双双考入了中科大原子核物理和原子核工程系，该系代号5801。多年以后，两兄弟依然记得接到中科大入学通知书时那种按捺不住的激动。

科学家摇篮

入学中科大，带来的是从梦想走进现实的震撼。郑志鹏永远都记得，在隆重的开学典礼上，时任国务院副总理的聂荣臻元帅出席并讲话，他勉励同学们认真学习，勇攀科学高峰。也是在这一天，他见到了中国科学院院长兼中国科学技术大学校长的郭沫若。

郭沫若拥有卓绝的学识和超越专业领域的文化眼光。这位著名文学家在科学界也享有崇高的声望。他自有一套为国育英才的办学理念。开学典礼那天，郭沫若校长念自己的新诗作并讲解校歌歌词。校歌作曲者吕冀指挥同学们一起唱校歌的情景，郑志鹏也历历在目。这所新办高等学府的一切都迸发着欣欣向荣的生机。这是一个国家久经磨砺之后，逐渐找到了正确道路，并再次奋发的缩影。这所学校的校长非常关心同学，他拿出自己的稿费给贫寒学子买棉衣、棉裤，为学校修游泳池，在学生食堂和大家一起进餐，引导学生们争当又红又专、理实交融的人才。身为当时唯一的副国级大学校长，郭沫若完全就像一位平易近人、敦厚的长者。

当时的中国科学技术大学设有十三个系，每个系所设专业都居于尖端、前沿，有不少学科领域都是郑志鹏前所未闻的。而这所大学的教研队伍更是诸贤齐聚、群星璀璨，包括原子核物理和原子核工程系主任、中国科学院原子能研究所副所长赵忠尧，技术物理系主任、中国科学院物理研究所所长施汝为，化学物理系主任、中国科学院力学研究所副所长郭永怀，物理热工系主任、动力研究室主任吴仲华，无线电电子学系主任、电子学研究所所长顾德欢，自动化系主任、中国科学院自动化研究所所长武汝扬，力学和力学工程系主任、中国科学院力学研究所所长钱学森，放射化学和辐射化学系主任、中国科学院原子能所研究员杨承宗，地球化学和稀有元素系主任、中国科学院地质研究所所长侯德封，高分子化学和高分子物理系主任、中国科学院化学研究所副所长华寿俊，应用数学和电子计算机系主任、中国科学院数学研究所所长华罗庚，生物物理系主任、中国科学院生物物理研究所所长贝时璋，应用地球物理系主任、中国科学院地球物理研究所所长赵九章等。大科学家严济慈、吴有训、钱学森、华罗庚、赵九章、钱临照等面向全校上大课。

"玉不琢，不成器"，郑志鹏记忆中的求学生涯是苦中带乐的。老师们讲课认真，要求严格；课程设置前沿，考试难度极大。郑志鹏就经历过一番"连轴战"：一次物理考试从上午8点考到下午4点，中午吃完饭回到教室接着考。数学考试，更是有过一半同学不及格的记录。郑志鹏所在的5801系共173人，分五个班，这些同学曾经也都是各地的学霸。甫一开学，大家就遇到如此"下马威"，然而却没有人肯轻易服输，反而愈发激励自己提高效率，刻苦学习，尽快适应大学的变化。很快，一种浓浓的学习氛围就形成了，在日后的严重困难时期也没受影响。

中科大原子核物理和原子核工程系甫一成立就很重视实验室建设，以培养学生的动手能力。在极困难的条件下，赵忠尧、梅镇岳两位主任创建了品类齐全的实验室，其中配有各种探测器和谱仪、气泡室及穆斯堡尔效应装置和核反应研究装置等实验设施。老师们要求学生从三年级起进实验室接受锻炼。到了五年级要做毕业论文，实验专业的同学更是整日泡在实验室里。这些基本科研方法和技能的训练及创新思维的培养使他们形成了良好的研究习惯，对以后的科研工作影响深远。

在学校，郑志鹏像海绵吸水一样让自己的学识不断增长。他最爱去的地方是图书馆，在那里以阅读专业书籍为主，同时阅览些文学、历史方面的书。

紧张的学习之余，郑志鹏也不忘参加体育锻炼。他喜欢打乒乓球，是系乒乓球代表队的成员。

师恩难忘　投桃报李

郑志鹏在中科大求学五年，前三年打基础，第四年主修国际前沿的专业知识，最后一年做毕业论文。

中科大名师众多，其中不乏泰斗级别的大师。在郑志鹏眼中，老师们具有厚重沉潜的师者风骨，教授给学生们的不只是严谨规范的科学知识，还有受用终身的为人正道。

中国科学院院士、核物理学家赵忠尧老师曾说："一个人的天赋固然重要，但刻苦更重要。"他经常教导学生"要说老实话，做老实事"。

中国科学院院士、高能物理学家张文裕老师强调：理论和实验不可偏废，要做到手脑并用；方法是精髓，学好后受益终身。

中国科学院院士、数学家华罗庚老师上的课总能给人诸多启发。他给数学系上课时是开放的，郑志鹏去听过几次。印象中，这位大学者虽然腿脚不便，但讲课时却喜欢来回走动。他授课内容丰富，灵活多样，没有太多数学推导，讲概念、思维方法、数学历史名人的时间较多。华老师也经常给学生做报告。"书要越读越薄"是他独特的读书心得，他强调要善于从厚厚的书本中汲取精华。这一观念一直影响着郑志鹏日后的学术生涯。

中国科学院院士、物理学家严济慈老师把电磁学的一些难题讲得深入浅出，他着重阐述物理概念。虽然一开始他的浙江东阳口音让人不太听得懂，但习惯后，大家真正领会到了他讲课的精华所在。

中国科学院资深院士、空气动力学家、中国载人航天奠基人钱学森老师和中国科学院院士、中国人造卫星事业的奠基人赵九章老师让同学们第一次深入了解了什么是火箭、导弹和卫星，以及其物理基础是什么。他们是大师，总能把高深的东西解释得浅显易懂，让人感兴趣，不觉得枯燥。

中国科学院院士、物理学家钱临照老师给技术物理系的学生讲解普通物理时，强调物理概念和思维方法，使学生听后回味无穷。

郑志鹏和同学们是幸运的，有得天独厚的学术环境和氛围，他们只需不断地学习、学习，再学习。为梦想，为师恩，为祖国，他们没理由虚度时光。1959年至1961年，我国进入"三年困难时期"，粮食供应前所未有的紧张。很多人营养不良，郑志鹏和许多同学得了浮肿病。然而，这并没有影响中科大学子的求学热情。

中科大近代物理系1958级1班毕业照（第一排左八为赵忠尧，第三排左四为郑志鹏）

如今，获得诸多荣誉的郑志鹏仍然感念中科大那五年的如海师恩，他这一辈子都不曾忘记母校勤奋、求实、创新的优良传统。郑志鹏从中科大毕业之后经常回校讲课，在学校建设近代物理系的过程中倾己所能，以求能回报母校。

1994年，在郑志鹏担任中国科学院高能物理研究所所长期间，所里建成了中国首条互联网专线，中科大首批入网，成为我国最早入网的高校之一。郑志鹏在中科大近代物理系招收了多名研究生，他们成绩优秀，毕业后在工作岗位上都做出了出色的成绩，赵政国就是其中的代表。

郑志鹏一直关心母校的发展，为她的每一项进步和成就深感自豪。他对中科大近年来取得的成绩如数家珍，比如有15个学科进入ESI排名世界前百分之一，论文篇均被SCI引用次数连续7年保持全国高校第一；比如潘建伟团队在量子通信、量子计算机等方面取得的重要进展……

毕业以来，学校的重大活动中或同学聚会时都有郑志鹏的身影。2018年9月20日，中科大成立60周年庆典隆重举行，郑志鹏作为首届知名校友应邀出席。听了母校60年来的巨大变迁和辉煌成就的介绍后，他心情万分激动，不由得想："是什么力量使中科大在历史不长的时间里发生这么大的变化呢？"答案就在中科大的精神和这种精神的不断传承之中。9月21日，应中科大物理学院邀请，郑志鹏作了《科大之精神》的报告，他把中科大精神总结为：登科学高峰，占领世界科技前沿的进取精神；崇尚科学，献身科学，为真理奋斗，为国家服务奉献的精神；说实话，不说空话、大话，办实事，朴实无华的求实精神；独立思考、敢于创新的精神；持之以恒、永不言败的创业精神。

回首科学人生，郑志鹏深深体会到：60年来这种精神在中科大不断传承和发展，像基因一样一代代传下去，影响着每一个中科大人，是中科大最宝贵的思想财富。他相信，保持中科大特色，发扬中科大精神，中科大成为世界一流、具国际影响力的大学指日可待。

郑志鹏在中科大做《科大之精神》报告

第七章　于精微处见宇宙

初到中国科学院

中国科学院成立于1949年11月1日，与新中国的建立几乎同步。为了开展原子核科学技术的研究，国家决定将原北平研究院原子学研究所与原中央研究院物理研究所的原子核物理研究部门合并，组成中国科学院近代物理研究所（1953年更名为中国科学院物理研究所，1958年更名为中国科学院原子能研究所），这便是中国科学院高能物理研究所的前身。

1963年，郑志鹏从中科大毕业后，被分配到中国科学院原子能研究所中关村分部一室一组，开始了科研生涯。他参加的第一个科研项目是V2静电加速器上核反应研究。当时，世界知名核物理学家赵忠尧任一室主任，叶铭汉为V2静电加速器组组长，分配给郑志鹏的第一项任务是建立一台测磁仪，精确测量电磁分离器的磁场，从而得知偏转离子的动量。郑志鹏采用核磁共振方法，经过半年的努力，圆满完成了测磁仪的建造任务。这项工作使他在物理实验、电子技术、机械加工等方面的操作能力得到了全面锻炼。在赵忠尧与叶铭汉的指导下，郑志鹏还参加了在V2静电加速器上进行核反应研究及金硅面垒型半导体探测器的研制工作。

虽然在开展这些工作期间深受"文化大革命"干扰，但是郑志鹏并没有放弃业务学习。他在艰难的环境下仍坚持学习核物理方面的知识和技能，不仅掌握了具体的实验技术和科学方法，而且更重要的是学习到了老一辈科学家踏实严谨的科学作风。

赴德深造

1973年，在周恩来总理的直接关怀下，中国科学院以原子能研究所中关村分部为主体，成立了高能物理研究所。研究所成立之初就很重视对年轻人的培养，开展各种各样的培训及学术交流活动，如英语学习班、专业讲座和学术报告。

1975年，美籍华裔著名物理学家、密歇根大学物理学博士丁肇中教授到所里做报告，受到了热烈的欢迎，听众挤满了讲堂。郑志鹏对丁教授发现的新粒子感到十分好奇，也被他准备在德国汉堡新建的大型探测器及其物理计划深深吸引。

1977年，丁肇中获得诺贝尔物理学奖之后不久再次访问中国，受到了邓小平同志的接见。小平同志希望他为中国培养一百位科学人才，丁肇中回答说："可以培养，但要分批进行。第一批先送十人来我的实验室工作学习吧。"于是，国内有关部门准备从中国科学院高能物理研究所挑选八人，从中科大挑选两人，一起赴德到丁肇中实验室学习。

经过严格的考核，郑志鹏有幸入选。他心中既兴奋又紧张。兴奋的是，能得到诺贝尔奖获得者的直接指导，可以接触到学界最前沿领域；紧张的是，他听说丁肇中教授的要求极为严格，对于能否胜任培训任务，并为双方后续的合作做出示范，他没有把握。

这是"文化大革命"以后国家第一批派遣出国学习的科技人员，得到了国家有关方面的高度重视。出国前，中国科学院院长方毅到高能物理研究所接见了郑志鹏等先行的六人。在一一询问了每个人的情况后，方毅院长叮嘱他们说："你们是'文化大革命'以后第一批公派出国的访问学者，要带好头，做出榜样；要勤奋学习，努力工作，学成回国后为祖国的科学事业服务。"带着领导的嘱托和祖国的期许，郑志鹏一行踏上了赴德之旅。

一、立刻投入工作

1978年元旦刚过，郑志鹏、唐孝威、马基茂、郁忠强、童国梁、张长春首批六位科研人员，从北京飞往巴黎，再换乘火车到波恩。他们在中国驻德国大使馆住了一天，第二天再乘火车抵达汉堡。丁肇中亲自到火车站迎接他们，热情地和他们每一位握手。丁肇中的亲切迎接，让郑志鹏一行非常感动，一路奔波的劳累和一直忐忑的心情得到不少缓解。接着，丁教授带他们来到德国电子同步加速器研究中心（DESY），安排好他们的住宿后说："明天上午九点在会议室见面。"

第二天召开全组大会，约30人参加。这是以麻省理工学院研究员为主，由美国、德国等国家的研究员组成的国际合作小组。丁教授首先对郑志鹏等新来的中国研究人员表示欢迎，并把他们介绍给其他小组成员。接着，丁教授讲述了即将建造的Mark-J探测器的结构、建造时间表，以及近期的工作安排和分工。丁教授布置工作后，全组进行了讨论。会上大家用英语交流，郑志鹏和大多数中国去的同事能听懂一些，但总觉得讲得太快，尚不能理解确切的意思。

到DESY的第二天，紧张的工作就开始了。因为要赶在PETRA加速器出来前造好Mark-J探测器，大家只剩下一年多的时间，不得不夜以继日地工作。丁肇中带头，大家每天从早上九点一直干到半夜十二点，除睡觉、吃饭以外，大部分时间都在工作，周末和节假日也不例外。当时郑志鹏和同事们正年轻，又想多学些东西，想早日完成分配的研究任务，所以他们克服困难，很快适应了下来。

从中国来的六位科研人员被分到了不同的小组。郑志鹏的任务是参与大面积闪烁计数器的制备以及数千个光电倍增管性能的测试。这对郑志鹏来说是从未接触过的工作，时间不允许他有系统性学习的机会，只能现学现用。所幸，同一课题组的其他三位成员（两位美国人、一位德国人）都非常热情，对郑志鹏有问必答。在这个中西组合的研究队伍里，郑志鹏收获良多，他很快就熟悉了环境，紧张、有序地工作起来。

当年三月，中科大的许咨宗、杨保忠和高能所的朱永生、吴坚武也陆续到来，国家派遣的赴德十人科研小组终于全员到齐了。

中国赴德科研小组人员及组内同事合影。从右至左：马基茂、郑志鹏、杨保忠、苏珊·马克斯、张长春、郁忠强、朱永生、许咨宗、福岛、让皮尔、童国梁（唐孝威、吴坚武没有参加合影）

一次，丁教授邀请中国来的十位学生吃饭。他逐一询问每个人的学习经历，发现这批学生中竟有五位是从中科大毕业的，即朱永生、许咨宗、杨保忠、吴坚武和郑志鹏，随即对中科大产生了浓厚的兴趣，向他们询问中科大的详细情况。

丁教授提到，中科大的赵忠尧教授是正电子湮灭现象的发现者，对正电子科学研究有重要贡献；张文裕教授在高能实验物理方面也是成果卓著。他十分尊重这两位同行。丁教授还多次关心询问中科大的课程设置等问题。郑志鹏告诉他，在校时，是梅镇岳教授主讲原子核物理课。当时郑志鹏手头上正好有一本梅先生编的原子核物理教科书，就拿给丁教授看。丁教授仔细翻阅后评价说："这本教科书的课程内容很新、很全，相当于美国研究生的教材。"

二、严师与高徒

参加项目的中国研究人员虽然在国内已经是小有成绩的年轻学者，但是在丁肇中的研究团队中，也只能从插电缆这种小事做起。探测器的电缆成千上万，却不能插错一根。每一次操作都要两次口头报告，说"插对了"，然后再重复一次"插对了"，而且必须两个人同时进行，相互应答，反复查看。丁教授总揽全局，不时指点。他时常叮嘱中国研究人员："你们不能只是看书，必须实践，要一面干工作一面学习，这样才能记得住。到了实验室就要专心做实验。"

丁教授对他们的学习和实验抓得很紧，几乎每天上午十点左右都会来电询问实验室的状况和进度。一旦有问题，他会马上赶过来和大家一起着手解决。丁教授的口头禅是："我们搞实验物理的人，就是要吃苦，要努力，要认真。"

他分配给中国十人小组的工作，几乎涵盖了Mark-J探测器的主要方面，包括几个主要的子探测器，以及电子学触发系统、在线数据获取和离线分析系统。这是有意全面培养他们，让他们积累经验，以便回国后能胜任大型探测器的建造任务。

实验培养只是一方面，丁教授对中国研究团队的培养还有其他方面的。为了提高他们的理论水平，丁教授请了几位DESY的理论家给他们讲粒子物理进展；为了提高他们的英语听说能力，丁教授让自己的秘书和两个女儿利用业余时间给他们上英语课。

Mark-J组每周开一次例会，内容是检查工作进展，讨论遇到的问题，并布置下一阶段的工作。组会都由丁教授主持，时间一般在下午临下班前的一个小时，会程控制在一个半小时以内，效率很高。随着英语水平的提高，沟通障碍扫除，中国科研小组逐渐融入了组会，能自如汇报工作进展，大胆在会上发言讨论了。

1978年10月，时任国务院副总理方毅访问联邦德国，专门到汉堡看望十人科研组，并与他们谈话，共进早餐。当得知大家工作比较辛苦，丁教授对他们要求很严格时，方毅副总理说："科学研究要取得成果必须有所付出。要求严格好，严师出高徒。"大家将总理的话牢记于心。

一次，丁教授安排其中一位中国同事单独到城里办事，这让那位同事犯了难。再三追问下，他如实告之。原来，组织上有外事规定，中国人外出必须两人以上同行。丁教授对此非常费解。他马上打电话到中国大使馆向张大使询问，才知道确有此事。张大使明白事情缘由后，回复丁教授："这条规定在您那里可以例外。"外事规定的放宽，是国家对科研人员的特殊支持，给日后的工作开展带来了极大的便利，这让丁教授和大家都很高兴。

研究过程中还有一件事，让郑志鹏至今难忘。一天，丁肇中布置了一个任务，让郑志鹏按照他给出的线路图制备出供量能器使用的光电倍增管的分压器。接下任务后，郑志鹏进行了认真调研和计算。他发现该线路设计不太合理，可能会对能量线性范围产生影响。经过自己小型模拟实验并考虑再三后，郑志鹏如实向丁肇中教授汇报了自己的想法。丁教授思量后说："你可按你的想法重新设计一个新的分压器，然后再带上原先设计的分压器到实验中去比较。"

得到首肯的郑志鹏很快完成了设计。丁肇中拿着这两个分压器和光电倍增管，与郑志鹏一起来到实验室大厅亲自进行测试。测试从晚上十点开始，一直持续到第二天凌晨才结束。数据显示，正如郑志鹏所说，他设计的那个分压器具有更大的线性范围。

看到实验结果后，丁肇中非常高兴地对郑志鹏说："量能器所需的几百个光电倍增管的分压器都按你设计的做。"一夜的辛劳让紧盯测试过程的两人都有些疲惫，丁教授拍了拍郑志鹏的肩膀："天亮了，总算有个不错的收获。今天星期天，一会儿我带你和中国同事去逛著名的汉堡鱼市场，我们庆祝一下。"

那天，丁肇中兴致很高，从鱼市上买了许多刚打捞上来的海鱼送给大家。大家连着几天品尝这些味道鲜美的海鱼。

这次经历让郑志鹏对丁肇中更加敬重。具有实事求是和虚怀若谷的精神的丁肇中成了郑志鹏心中的榜样。

经过一年多的努力，Mark-J探测器终于建成，不久在其上发现了三喷注事例（即胶子存在的证据）。1979年丁先生访问中国期间曾许诺访问南开大学，向师生报告这一重大发现，后因行程有变，请郑志鹏代为报告，当时的报告受到南开大学师生热烈欢迎。

此后丁先生多次访问中国科学院高能物理研究所，并对北京正负电子对撞机、北京谱仪建造提出了许多宝贵意见。

1988年丁肇中与郑志鹏在中国科学院高能物理研究所合影

1992年丁肇中在中国科学院高能物理研究所举办的国际物理研讨会后与郑志鹏交谈

高能物理起步前的背景

郑志鹏回国之后，继续在中国科学院高能物理研究所开展科研工作。高能物理又称粒子物理，是20世纪40年代中期发展起来的一个物理学研究领域，是研究组成物质的最基本的粒子结构及其相互作用，以及时间、空间及其对称规律的学科。因为其研究内容涉及物理的基本规律，再加上在其发展过程中对基本原理的突破以及其发展技术对社会推动的影响，几十年来深受科学界的重视。数十年来，与粒子物理有关的诺贝尔物理学奖获得者就有三十多位（包括著名华裔学者李政道、杨振宁、丁肇中），人数在所有的物理学研究领域中名列前茅。粒子物理的进展也深深地影响着其他学科的进展。

开展高能物理研究有个前提条件，就是必须建造加速器和探测器。这两款"神器"往往耗资巨大，因而在20世纪80年代以前，国际上高能物理研究俱乐部里只有美国、日本、苏联、加拿大等少数发达国家。薄弱的经济基础无力支撑昂贵的基础研究条件，因此中国被长期限制在该领域之外，国内的高能物理学家想开展实验，只能到国外去。

1956年，中国高能物理学者曾加入杜布纳联合核子研究所进行合作研究。该研究所是以苏联为主，有包括中国在内的多个社会主义国家参与的研究机构。中国作为会员国需缴纳巨额的会员费（每年约合人民币1 800万元，这在当时是个天文数字）。杜布纳联合核子研究所有一台10 GeV的质子同步加速器，中国学者利用这个设备进行研究，获得了一些物理成果，培养了早期的高能物理研究队伍。1957年，王淦昌领导的研究小组在这台加速器上发现了反西格玛负超子。但好景不长，由于中苏关系破裂，1965年中国退出了杜布纳联合核子研究所。

这时，赵忠尧及其他几位科学家向上级部门提出，这正是一个发展中国高能物理的机会，可以将每年上交给杜布纳联合核子研究所的钱省出来建造自己的实验基地。这个建议很快成为中国高能物理研究学界的集体共识，大家都期望中国有自己的加速器。但因为多方面原因，这个建议迟迟得不到落实，建造方案几度筹划，又几度夭折。

小平同志一锤定音

"文化大革命"结束，科学研究迎来了春天，中国的高能物理研究也萌发了希望的新芽。在高能物理研究学者的不断建议和推动下，中央同意在北京建造一台50 GeV质子同步加速器的方案。可是到了1980年底，研究计划又遇到国民经济和社会发展计划调整。考虑到该方案耗资巨大（大约七亿元人民币），加上各方对该方案还存在较大的争议，国家最终决定暂停该工程。这对热情正高的高能物理学者来说无疑是被当头泼了一盆冷水。

正当大家不知所措时，李政道、潘诺夫斯基（美国斯坦福直线加速器中心主任）等科学家提出建议，将建造50 GeV质子同步加速器的方案换成2×2.2 GeV的正负电子对撞机的方案。这样既省经费（建造正负电子对撞机的价格只有建造质子加速器价格的三分之一），可开展的物理课题又要丰富得多。此方案或能争取保住高能实验基地的建设希望，因此得到了中国高能物理界的赞同。

关键时刻，李政道教授利用邓小平同志接见的机会，详细阐述了中国建造高能物理实验基地的必要性和正负电子对撞机方案的优势所在。小平同志听取了李政道的建议，在综合各方面的意见后，随即拍板：高能实验基地不能取消，要上正负电子对撞机工程方案。李政道与邓小平同志的这次会面，在关键时刻改变了中国高能物理研究的命运。

1983 年，正负电子对撞机项目正式立项。1984 年 10 月，邓小平等国家领导人参加了对撞机工程奠基仪式，并为基石题词。针对当时对撞机建设是否"超前"的争议，邓小平对在场的中外科学家坚定地说："我相信，这件事不会错。"

自此以后，小平同志一直关注对撞机工程建设，指派了得力的对撞机领导小组，时刻关心工程的进展。

正负电子对撞机就是将正电子和负电子（即通常所说的电子）分别加速到接近光速，使它们具有很高的能量，在磁场的约束下让它们迎头对撞的装置。根据著名的爱因斯坦相对论的公式 $E=mc^2$，正电子和负电子湮没后，会产生其他比电子质量大的新粒子。

大型粒子探测器——北京谱仪（BES），是北京正负电子对撞机的一个重要组成部分，用于记录、分析正负电子对撞后产生的各种粒子，人们称赞它为"火眼金睛"。

正负电子对撞机相当于一个加速器，让正电子和负电子分别加速，在高速运转之下对撞。对撞之后，北京谱仪的作用就至关重要了。它的作用是探测、研究那些撞出来的粒子，看看有没有产生以前未曾发现过的新粒子，并找出新的相互作用规律。能否得出好的物理成果，谱仪的性能至关重要。可以说，如果没有北京谱仪，正负电子对撞就毫无意义。

北京谱仪的设计和建造由中国科学院高能物理研究所第二任所长叶铭汉负责。这是国内首次建造大型高能粒子探测装置，没有先例，只能借鉴国外的经验。设计北京谱仪时参考了国际上同能区的探测器，但力争在探测器的结构、分探测器性能、数据获取、物理分析以及总体性能等方面达到国际先进水平。

叶铭汉挑了几位骨干一起研制，其中就有从丁肇中那里学成回来的郑志鹏。那段艰辛而光荣的历程，郑志鹏仍历历在目。

郑志鹏（左）、叶铭汉（中）、李金（研究室主任，右）在讨论北京谱仪工作

一开始，郑志鹏负责北京谱仪飞行时间计数器的研制。飞行时间计数器在数据分析时对于带电粒子的鉴别起着非常重要的作用。理论目标是清晰的，实践兑现却经历了一个艰难的过程。在德国汉堡丁肇中教授的实验室里，设备齐全，大多是专门定制的。无论做什么新的实验，只要需要，实验团队先查好目录，一个电话就可以下单定制设备。相比之下，当时国内的设备生产水平还不能为实验定制提供相应的专业支撑，可以说是要什么没什么。探测器机械的很多结构，高能所自己的工厂都能力有限，只能依靠所外的工厂制造，基本就是白手起家。

飞行时间计数器的时间分辨率达200皮秒。想象一下，1皮秒就是10^{-12}秒，合一万亿分之一秒，200皮秒是一个何其快的量。这在当时是十分先进的指标，要达到标准，岂止是一个"难"字可以形容。那段时间，作为负责人，郑志鹏和几位科研骨干一起，倾尽所学，废寝忘食。他在方案确定、闪烁体选择、探测器制备和测试方面做了大量细致的工作，并在严格控制质量、符合设计要求的前提下，最终如期和其他骨干们共同设计出了北京谱仪的飞行时间计数器。

1985 年，在建造北京谱仪的间隙，高能物理研究所委派郑志鹏参加日本高能加速器研究组织（KEK）的 TRISTAN 加速器上 AMY 国际合作组，进行探测器的总体设计，并负责触发探测器的设计、制造和调试工作。虽然只有一年时间，但是郑志鹏出色地完成了任务。触发探测器指标先进，工作正常，在 AMY 探测器取数过程中发挥了重要作用。后来，AMY 国际合作组在 B 物理的研究中获得许多重要的成果，得到了国际同行的好评。

AMY 国际合作组成员合影（前排左一为郑志鹏）

有了这次参加日本高能加速器研究所科研工作的经验，对于建造北京正负电子对撞机及北京谱仪，郑志鹏心里更有底气了。

1986年，郑志鹏接过叶铭汉的班，开始负责北京谱仪的建造、安装和调试这一艰巨任务。北京谱仪是一项大型科研工程，由多个子探测器、大型螺旋磁场线圈、复杂电子学线路，以及在线、离线分析系统组成。

负责这样一个大工程，既要有对粒子物理、探测技术的深刻理解，又要有加速器、机械工程方面的知识。此时离北京谱仪的计划建成时间仅剩两年半。充分利用自己在Mark-J和AMY实验所掌握的知识和经验，郑志鹏坚持学习国际、国内的先进技术，同时虚心听取不同意见以保证决策的正确性。他还要调动所有共事的一百多位同事的积极性，按特长细致分工，明确每一个人的责任，和大家一起争分夺秒、夜以继日地工作，力争按时建成北京谱仪。

为了保证北京谱仪高质量如期完成，郑志鹏制定了周密的工程研制计划，并严格按计划执行，与同事们一起克服了一个又一个困难，确保每项计划都能按时完成。虽然工程进度压力很大，但他们始终将质量放在第一位。尽管那时的工资、奖金都很低，但"人心齐，泰山移"，大家都想尽力完成好组织交给自己的科研任务，只为了实现中国自己的高能基地梦想。

只有阳光，没有风雨的路是幻想。仪器制作完成只是实验的万里长征迈出的第一步。

1988年，在北京谱仪簇射计数器组装过程中，铅桶和计数器之间产生了滑移，郑志鹏果断地叫停组装，和同事们找到了滑移的原因后，决定重新组装。他们用加强钢筋拉力的办法，确保了组装强度。同事们三班倒，才把失去的时间抢了回来。一路调试，一路校正，一路还要与时间赛跑。心无旁骛的实验团队凝聚成的力量水滴石穿，北京谱仪终于如期组装完成。而接下来，如何把这个庞然大物运到指定地点安装，又成了横亘在研究团队面前的一道新难题。

原子能科学研究院负责研制的北京谱仪螺旋管线圈，是用空心铝导线绕成的。把铝管粗的导线绕成线圈，管内充水冷却。线圈大，极难绕，还要绕五层。其外径超过4米，重达31吨，是我国当时最大的螺旋管线圈。

把这样的庞然大物从房山坨里的原子能科学研究院运到玉泉路，要走约50千米路程。常规线路上有行人密集的街道，还有涵洞、小桥，因此既要担心谱仪的高度超过涵洞的高程，又要担心它的重量压

第一代北京谱仪

坏桥梁，还要防止线圈在运输过程中受到震动损坏。为此，指挥部特地精心研究出一条路线，想方设法绕过这一路上的各种风险。

到了正式运输线圈的日子——1987年2月的一天，一早装车，因为其体积太大出不了车间门，于是先将它从组装车间里破墙而出。一辆巨型载重车已在现场候着，线圈装上车时已经快中午了。武警车、消防车组成了隆重的引导和警戒车队。车队开拔之后，遇到电线就挑高，遇到路不平就垫土，可谓逢山开路，遇水搭桥，浩浩荡荡。车队走走停停，路上还过了一夜。第二天清晨再次出发，经公主坟、复兴路再往西，终于到达玉泉路安装点，运输过程真可谓一路壮观。

北京谱仪重500多吨，有三层楼房高，由上万个部件组成，有的部件安装定位精度要求达毫米。每一个部件都很脆弱，怕碰、怕震。例如主漂移室由两万根金属丝组成，安装时若出现差错，哪怕一根丝断掉，也是不允许的。

背负着集体的责任，郑志鹏与总工程师仔细商量好安装方案的每一个细节，并反复与工人们沟通，一再叮嘱他们严格按程序操作。

安装时，郑志鹏亲自到现场监督，由负责的总工程师指挥，安装工作按部就班地推进。就这样在现场忙了一个月，安装任务总算大功告成。郑志鹏深深地舒了一口气，悬着的心终于放了下来。

北京谱仪的首要任务是配合北京正负电子对撞机，测定正负电子是否产生了对撞的最直接证据，并进行确认。郑志鹏又与负责亮度监测器的同事们一起解决如何判断信号的真伪、如何区别信号和噪声的问题。为此，他与北京正负电子对撞机（BEPC）的值班同事紧密配合，记录下了单束运行的本底和对撞时亮度监测器的变化情况。

1988年10月6日凌晨，北京正负电子对撞机处于对撞模式时，北京谱仪的亮度监测器上出现了明显的正负电子散射（巴巴散射）信号，且计数随时间不断增加；而在单束运行时，信号就消失了。这一结果可以证实北京谱仪的亮度监测器所观测的信号是来自正负电子对撞，而不是噪声。实验团队后来又经过反复多次的实验验证，结果全部一样，最终可以完全确认正负电子成功对撞。

郑志鹏清楚地记得，他们在北京谱仪的亮度监测器上观察到正负电子散射信号时的兴奋心情，因为这确认了对撞机正负电子发生了对撞，标志着对撞机建造成功。当时，对撞机中央控制室里一片欢腾。到北京参加中美高能物理联合会议的美国科学家也见证了这一激动人心的时刻。仅仅四年，对撞机建造从被取消的边缘到最终成功实施，其间可谓跌宕起伏，堪称奇迹。①

难忘的一次接见和谈话

1988年10月24日，北京正负电子对撞机建成不久，邓小平等国家领导人来到北京正负电子对撞机工程现场视察。小平同志在李

①建造北京谱仪相关内容参考了叶梅著的《粲然》（浙江教育出版社，2020年6月）。

政道先生的陪同下兴致勃勃地参观了对撞机和谱仪，他对李政道在工程建设过程中做出的贡献表示感谢。之后，小平同志又到中国科学院高能物理研究所会议室接见了对撞机的总设计师谢家麟、谱仪的总设计师叶铭汉等十位有功人员，郑志鹏也在其中。

当他接见郑志鹏时，握了握手问："你是负责哪一部分的？"郑志鹏回答："北京谱仪，是记录和分析对撞机产生出来的粒子性能的。"小平同志又问道："你是哪一所学校毕业的？"郑志鹏答："中国科学技术大学。"小平同志继续问："是什么地方人？"郑志鹏说是广西人。小平同志点了点头，说："广西我很熟悉，当年左右江起义就在广西。广西出了韦拔群、韦国清这样的优秀人物，现在发展科学技术也要涌现出一批人才。"这句话不但是对郑志鹏，也是对所有广西人的鼓励。

之后，邓小平同志在中国科学院高能物理研究所发表了《中国必须在世界高科技领域占有一席之地》的著名讲话。小平同志强调："过去也好，今天也好，将来也好，中国必须发展自己的高科技，在世界高科技领域占有一席之地。如果六十年代以来中国没有原子弹、氢弹，没有发射卫星，中国就不能叫有重要影响的大国，就没有现在这样的国际地位。这些东西反映一个民族的能力，也是一个民族、一个国家兴旺发达的标志。现在世界的发展，特别是高科技领域的发展一日千里，中国不能安于落后，必须一开始就参与这个领域的发展。搞这个工程就是这个意思。还有其他一些重大项目，中国也不能不参与，尽管穷。因为你不参与，不加入发展的行列，差距越来越大。现在我们有些方面落后，但不是一切都落后。这个工程本身也证明了这一点。"

郑志鹏及其他在场的科研人员都被小平同志的讲话深深鼓舞，崇高的使命感和责任感油然而生。大家都领会到小平同志已经把中国高能物理基地的建设视为中国向世界高科技领域进军的一个桥头堡，也非常感激小平同志代表党和国家把这样的历史责任和重大机遇交给自己。只有努力把对撞机工程运行好，产出高水平的成果，培养一流的科技人才，才能不辜负小平同志的期望。

北京正负电子对撞机是世界上为数不多的高能加速器之一，是中国与世界高能物理研究的重大科技基础设施，也是我国第一台大型科学装置。北京正负电子对撞机成了中国科技发展的一个标志性科研项目，为人类奉上了一把揭开物质微观世界之谜的"金钥匙"，令中国人自豪，也让世界敬佩。国际科学界普遍赞扬，称它"是中国科学发展的伟大进步，是中国高能物理发展的里程碑"。《人民日报》在报道这一成就时称："这是我国继原子弹、氢弹爆炸成功，人造卫星上天之后，在高科技领域的又一重大突破性成就……它的建成和对撞成功，为我国粒子物理和同步辐射应用开辟了广阔的前景，揭开了我国高能物理研究的新篇章。"

北京正负电子对撞机

实验还在进一步深入，科研团队再接再厉。1989年6月22日，由郑志鹏、吴为民、张长春、张闯组成的值班小组首次在北京谱仪上观测到J/Ψ事例，这标志着北京谱仪开始运行。

北京正负电子对撞机和北京谱仪的运行非常顺利，运行结果显示对撞机在J/Ψ能区的亮度达到了世界最高值，谱仪各个子探测器主要技术指标和性能参数均达到或超过设计指标。这一成果在1989年顺利通过鉴定，获得中国科学院科学技术进步奖特等奖。1990年，"北京正负电子对撞机和北京谱仪"又获国家科学技术进步奖特等奖。郑志鹏皆为获奖人之一。

不忘李政道先生教诲

李政道在1956年提出宇称不守恒定律，因此与杨振宁共同被授予诺贝尔物理学奖。郑志鹏曾听过李政道先生在北京讲授的量子场论讲座，这场讲座成为他学习粒子理论物理的入门之课。之后在建造北京正负电子对撞机、北京谱仪过程中，郑志鹏又深受李政道先生教诲。

在北京正负电子对撞机的整个建设过程中，李政道全力以赴给予支持，并利用他的个人影响，动员美国科学家热情帮助中国科学家更好、更快地完成了对撞机的建设工作。

郑志鹏在参与北京谱仪的建造过程中，从李政道那里获益良多，尤其是在科学专业理论和科学组织管理层面。1986年，李政道创建中国高等科学技术中心，郑志鹏被聘为顾问。1992年，郑志鹏被中国科学院任命为高能物理研究所所长，从而有了更多的机会接触李政道先生。郑志鹏对其在科学上的造诣，以及对中国科学传播和教育的一片赤子之心，有了更深体会。

1988年，中美高能物理联合委员会第九次会议上，李政道、谢家麟、
周光召、叶铭汉（自左至右）讨论问题

北京正负离子对撞机和北京谱仪建成不久后的一天，李政道见
到郑志鹏说："我与潘诺夫斯基商量过，建议让一些感兴趣的美国科
学家参加北京谱仪合作，你认为怎样？"郑志鹏和北京谱仪的同事都
认为美国物理学家有丰富经验，他们的参与会对北京谱仪获取物理
成果起促进作用，于是他马上回答李先生说："非常欢迎。"

之后，来自美国的斯坦福直线加速器中心（SLAC，现为SLAC
国家加速器实验室）、科罗拉多大学、得克萨斯大学、华盛顿大学等
单位的十几位科学家很快就参与进来，于1991年正式成立了由100
多位中美科学家组成的北京谱仪合作组，此后共同完成了τ轻子质
量测量、R值测量等多项工作。中美科学家取长补短，通力合作，
取得了一系列成果，稳健地迈出了北京谱仪国际合作的第一步。如
今，第三代北京谱仪（BESⅢ）国际合作组已有包括中国、美国、
德国等17个国家在内的500多位科学家。而北京谱仪国际合作倡议
和合作模式的首倡者正是李政道和潘诺夫斯基。

1991年，郑志鹏和几位北京谱仪的中国同事重新测量τ轻子质量，得出了更精准的结果。李政道对此给予了很高评价，这是对北京谱仪合作组的极大鼓舞。

李政道非常看重北京谱仪的这项新成果。1992年，在郑志鹏的老师赵忠尧90大寿时，李政道先生赠送给赵先生的礼物是一幅装裱τ轻子质量测量的双维拟合彩图。他说赵老师是正电子湮灭现象的发现者，是中国物理界的先驱，还培养了一大批优秀人才；这次将中国物理学家的最新成果献给他，说明中国物理研究事业在几代人的努力下不断发展，大家不会忘记开拓者的功劳。

李政道没有满足于北京正负电子对撞机的成功建造，始终关注国内研究进展的他，一直在思考北京正负电子对撞机的下一步发展方向。

1994年，郑志鹏和几位同事提出τ-c工厂是否可以作为BEPC未来发展的首选。为了解答这一问题，他们在李政道和潘诺夫斯基的倡议下，于当年在美国斯坦福直线加速器中心召开了有来自世界各地的三十多位高能物理学家参加的大会。大家共聚一堂，献言献策，共同分析、探讨在B工厂时代，τ-c工厂是否还有存在的价值。郑志鹏和几位同事在会上作了报告。

大会讨论十分热烈，大家各抒己见，每个人的发言都是以数据为依据，尊重事实，以理服人。大会结束后已是深夜，李政道把郑志鹏留下说："我现在正式表态，支持你们将τ-c工厂作为未来发展目标的设想，但其建造有很大的技术难度，要团结中国高能物理界的同事共同努力才能克服。"李政道是世界著名的理论物理学家，为了得出正确判断，他耐心地参加了三天会议，这是他虚心听取不同的观点后做出的理性判断。这种谨慎的态度和虚怀若谷、尊重事实的精神令人钦佩。

回国以后，郑志鹏和同事们立即开展τ-c工厂可行性研究工作。

然而，工作刚刚开展，马上就遇到了一个问题：可行性研究的经费从何而来？大家只好向李先生求援。一天，李先生在高等科学技术中心宴请朱镕基总理，让郑志鹏也参加。在席间，他对朱总理说："高能所一些人提出建造 $\tau-c$ 工厂作为未来发展方案，现在让郑志鹏向您汇报一下。"于是郑志鹏花了约五分钟时间介绍什么是 $\tau-c$ 工厂，可以做哪些物理工作，以及其在今后国际竞争中所处的地位。朱总理问了几个问题，有的由郑志鹏回答，有的由李政道回答。最后，朱总理表态支持开展 $\tau-c$ 工厂可行性的研究工作，并询问郑志鹏需要多少经费支持。郑志鹏如实答复。总理听后点头表示这笔经费由他想办法筹措。不久后，这笔经费直接由政府拨了下来，研究得以顺利开展。

经过一年的努力，$\tau-c$ 工厂可行性研究任务完成了。可惜的是，由于各种原因，建造 $\tau-c$ 工厂的设想并没能实现，但在 $\tau-c$ 工厂可行性研究中获得的许多有益成果可用于以后北京正负电子对撞机和北京谱仪的升级改造。北京谱仪的物理研究成果前后汇集成两本书出版，都得到了李政道很大的支持，他还应邀为两本书题写了书名。

1995年李政道、邓昌黎、郑志鹏（前排自左至右）参加国际高能物理会议

1998年李政道与郑志鹏在中国高等科技中心

于细微处见情怀，李政道对北京普仪物理研究的关心和支持远不止于此，他对活跃中国高能物理的学术气氛也贡献良多。《中国物理C》（Chinese Physics C，英文缩写为CPC）是中国高能物理与核物理学的英文期刊，刊物长期以来都为高质量的稿源发愁。2006年的一天，郑志鹏在参加高等科学技术中心的学术活动中又见到了李政道，闲谈中他说起国内学术期刊面临的困境：好文章都发往国外了，国内期刊"没米下锅"，这对活跃学界气氛，鼓励学术创新，发出中国学界的声音是不利的。趁此机会，郑志鹏向他介绍了《中国物理C》（英文缩写为CPC），并以主编的名义向他约稿。李政道询问了期刊的相关情况，希望郑志鹏把近期出版的期刊先寄给他看看。

在郑志鹏寄去期刊后没多久，李政道给CPC的首篇投稿就寄到了郑志鹏手上，这是一篇他与同事合作完成的重要论文。郑志鹏与期刊编辑人员喜出望外，很快完成了编审程序。论文在期刊上发表后获得了非常高的引用率。此后李先生又陆续寄来两篇论文，发表后反响同样极佳。

当代物理学大师给《中国物理C》投稿，这让《中国物理C》引起了学界关注。在李先生的带动下，期刊不断收到一些高水平的文章，《中国物理C》很快成为中国高能物理研究界重要的学术争鸣平台。2012年，恰逢《中国物理C》创刊35周年，大家请李政道题词纪念，他欣然同意，不久就将题词寄来，并写信祝贺。李先生的题词在期刊上发表后影响极大。此后，《中国物理C》获得了AME（原子质量评估）和PDG（粒子数据表）的刊载权，这又使期刊上了一个新台阶。2016年，《中国物理C》的影响因子达到了5，比前几年的0.3提高了十多倍，这标志着《中国物理C》已进入国际物理优秀期刊行列。

郑志鹏回忆说，他与李政道接触甚多，在自己科研生涯的几个关键阶段都得到了李政道的指点和帮助，受益匪浅。郑志鹏和李政道形成了亦师亦友的关系，李先生每年都给郑志鹏寄来贺年卡，并亲自在其上作画，这是非常珍贵的礼物。

李政道寄赠给郑志鹏的贺年卡

　　李政道不仅对郑志鹏个人，对中国高能物理研究的众多后辈都给予了无私的提携和帮助，他对中国高能物理科学研究和人才教育的支持和影响是有目共睹的。

　　李政道还十分重视和支持我国高等教育事业的发展，与我国多所顶尖高校密切合作，为我国高水平人才培养做出了巨大贡献。李政道二哥李崇道毕业于广西大学农学院，2018年广西大学90周年校庆时，因为郑志鹏的牵线搭桥，李政道欣然为广西大学题词。

庆贺广西大学九十周年校庆

九十载桃李芬芳发达广西

新时代再创辉煌复兴中华

李政道

二〇一八年二月

李政道给广西大学 90 周年校庆的题词

传承导师赵忠尧的科学精神

核物理学家赵忠尧

　　赵忠尧是世界知名的核物理学家。他与郑志鹏结缘于中科大，后来郑志鹏又在他的指导下工作了二十余年，这是一段让郑志鹏铭记终生的师生情缘。

　　1958年，郑志鹏考上了中科大，赵忠尧是他在中科大原子核物理和原子核工程系学习时的系主任。20世纪20年代末30年代初赵忠尧在美国攻读博士期间，在世界上首次发现了正电子湮灭现象，为正电子的发现做出了重要贡献，这一成果在物理界具有里程碑的意义。他是中国原子核物理的奠基人和开拓者，主持建成了中国第一、第二台质子静电加速器，为在国内建立核物理实验基地做出了重要贡献。他培养出了钱三强、王淦昌等著名物理学家，"两弹一星"元勋中有多人是他的学生。

郑志鹏在中科大的第一节课，正是赵忠尧老师上的。赵老师为全系同学描述了神奇的原子核物理研究世界，鼓励他们要在科学研究的路上勤奋学习，勇于探索。六十多年过去了，郑志鹏对赵老师给他上的第一堂课还历历在目。

赵老师安排了张文裕、关肇直、梅镇岳、朱洪元等著名科学家担任同学们的科任老师，并且在大学三年级时亲自给他们讲授原子核反应的专业课。赵老师授课认真，每次备课都查阅大量资料，讲课内容丰富、扎实，同时结合了自己的科研心得和成果，把国际发展最前沿的知识传授给同学们。

赵老师很关心同学们的学习和生活，经常到教室、实验室、宿舍去看望同学们。在郑志鹏的印象中，赵老师总是那样和蔼可亲。

到了大学四年级开始做毕业论文的阶段，郑志鹏的论文题目是《原子核的伽马共振吸收》，导师是汤拒非。一天，郑志鹏正在汤老师的指导下在实验室做实验，赵老师来到实验室关切地询问每一个实验的进展情况。郑志鹏向他汇报了实验的题目和实验方法，赵老师听后勉励郑志鹏要认真做好论文，抓住这一个难得的锻炼机会。他还为每一位做毕业实验的同学加油："从事实验的人一定要勤动手，要理论联系实际，做到手脑并用。"赵忠尧老师的这些话深深地印在了郑志鹏的脑海里，使他一生受用。郑志鹏按照赵老师的要求，克服了许多技术困难，顺利地完成了论文。经过答辩，他的论文被评为优秀毕业论文。

毕业前夕，赵忠尧召开了一次毕业班的座谈会，他语重心长地对同学们说："你们是中国科技大学原子核物理和原子核工程系的首届毕业生，当初看着你们走进校园，不知不觉已经过了五年了。这五年里，对你们的进步老师感到很欣慰。临毕业了，老师想告诉你们的是，你们学到了许多知识，但这只是打下了一个基础。今后，无论从事什么样的工作，在工作岗位上仍然要把学习的习惯保持下去。"赵老师以自己的经历说明，科学不断在发展，知识不断在更新，人就要不断学习。"人的智力各不相同，区别你们日后成就的是自己的努力程度。成功离不开勤奋。"赵老师的教导时刻鞭策着郑志鹏。

1963年，郑志鹏毕业后被分配到中国科学院原子能所工作。赵忠尧成了他的领导。组长叶铭汉也曾给郑志鹏上过静电加速器的专业课。一上班，叶铭汉就给他们新来的几位同事解释了组里新任务的内容，同时进行了新进人员的任务分工。

郑志鹏除参加实验值班任务外，还参与制造一台测磁仪，用于精确测量静电分析器的偏转磁场强度。当时测量磁场最精密的方法是核磁共振法。郑志鹏经过一个月的调研后，决定采用核磁共振法，并向全组汇报确定的方案。叶铭汉主持会议，赵忠尧也参加了，经过充分讨论后，郑志鹏提出的方案通过了。他开始着手实验的准备工作。

郑志鹏方案的测磁仪主要是参考一篇俄文文献的电子学线路来制作的，他用了三个月的时间才制作完毕。在制作过程中，郑志鹏得到了几位有经验的同事的指点。

一天，赵忠尧见到郑志鹏，关心地询问郑志鹏实验的进展情况。郑志鹏表示正在调试中，虽然已看到了核磁共振信号，但是不稳定。赵老师颇有兴趣地让郑志鹏展示核磁共振信号的显示情况。当郑志鹏加上磁场，信号亮起时，他问郑志鹏："怎么证明这微弱的信号不是噪声呢？"郑志鹏随即关掉磁场，信号立即消失，接着打开磁场，信号又有了。重复多次后，赵老师终于高兴地说道："看来这是真的核磁共振信号，但你还需在线路稳定性上进行改进。"这次和赵老师共同调试实验，让郑志鹏感受到了他严谨的工作作风。后来，郑志鹏按照赵老师的指点方向，不断提高自制测磁仪的灵敏度、稳定性，终于完成了他在原子能所的第一个研制任务。

一天，赵忠尧让郑志鹏来到他的办公室，他打开一个精致的盒子，拿出两个手表大小的东西，告诉郑志鹏这是他前不久访问丹麦哥本哈根大学玻尔研究所时，尼尔斯·玻尔教授赠送的两个金硅面垒型半导体探测器，是国际上刚出现的具有优良性能的探测器。他想让郑志鹏制作出配套的电子学系统，以便测量出这种探测器的各种性能。

郑志鹏的电子学测试系统很快就做好了，赵老师兴致勃勃地拿着两个半导体探测器来测试。郑志鹏小心地将探测器装好，用赵老师建议的阿尔法放射源测量阿尔法粒子的能量分辨率。刚开始测量时，数据不理想，粒子能量分辨率比探测器给出的指标要差很多，于是赵老师建议郑志鹏采取使用性能更好的前置放大器、增加准直器等措施。改进之后，探测器果然达到了标注的性能指标。赵老师再次到实验室，看到半导体探测器有如此优良的指标很高兴，并说中国也要有这么好的探测器。

1969年"文化大革命"期间，科研基本停顿。郑志鹏和组内的几位同事试着制备锂漂移金硅面垒型半导体探测器，赵忠尧知道后也参加进来，帮他们查文献资料，和他们一起讨论问题。经过无数次失败后，他们制造出国内第一个金硅面垒型探测器。赵忠尧脸上终于露出了久违的笑容。

为了建造中国自己的高能加速器，1972年，张文裕、赵忠尧等18名科技工作者写信给周恩来总理，周总理对此表示支持并做出了"应开展高能加速器预制研究"的批示。

1978年1月，在郑志鹏赴德学习期间，丁肇中找到郑志鹏，吩咐他一个任务："赵忠尧老师即将作为贵宾应邀出席DESY的加速器落成庆典大会。他已76岁高龄，访问期间需要有人陪同。听说你是他的学生，又和他熟悉，就把这个任务交给你了。"

再遇恩师，郑志鹏非常高兴。赵忠尧抵德后第一件事就是撰写他在庆典会上的发言稿。他让郑志鹏对事先已拟好的一个英文稿提意见，郑志鹏看后觉得很好，但赵老师自己却不满意，他让郑志鹏补充一些DESY的背景材料。

那天的庆典会非常隆重，许多世界著名的物理学家都应邀出席，但像赵忠尧这样元老级的知名物理学家还是引起了会场的关注。庆典会后，丁肇中邀请赵忠尧到实验室访问，他向组内同事介绍赵忠尧说："我们很荣幸见到这位正电子湮灭现

1982年郑志鹏与赵忠尧老师讨论科学问题

象的发现者。没有他的发现，就没有我们现在研究的正负电子对撞物理。"接着，丁肇中陪同赵忠尧参观了实验室。事后，赵老师叮嘱郑志鹏："这里有国际一流水平的实验设备和技术，好好在这里学，学好本领建设中国自己的高能探测器。"

1984年，在邓小平的支持和关怀下，北京正负电子对撞机工程开始建设。80岁高龄的赵忠尧对此十分关心。此时，郑志鹏负责北京谱仪飞行时间计数器的制造工作，赵忠尧常到郑志鹏的实验室，了解他们的工作进展，并勉励郑志鹏要抓紧时机，努力工作："这是你们建造中国高能探测器的好时机。"

1988年10月，北京正负电子对撞机和北京谱仪建造成功，邓

小平等国家领导人前来视察，接见了张文裕、赵忠尧等老一辈科学家以及对撞机的建设者。这一刻，赵忠尧内心是激动的，他建造了中国第一台静电加速器，今天中国又建成了自己的高能加速器，他多年的梦想实现了。令他倍感欣慰的是在建设中国对撞机的后辈人群中，有他众多学生的身影。

1998年，96岁高龄的赵忠尧去世，郑志鹏听闻噩耗，心中十分悲痛。虽然老先生高寿，但是郑志鹏还是希望恩师能够见证更多中国高能物理研究不断攀登高峰的盛景。赵忠尧的逝世是中国核物理、高能物理界的巨大损失，在他的追悼会上，郑志鹏代表中国科学院高能物理研究所致悼词，对他的一生进行了全面总结，给予了高度评价。

如今，赵忠尧去世已有二十多年，他的高尚品质以及对科学执着的精神永远鼓舞着郑志鹏。郑志鹏一生为有这样的导师而自豪，也决心把赵忠尧的科学精神传承下去。

与世界物理大师黄克孙的情谊

黄克孙1928年出生于广西南宁，是美国麻省理工学院教授，他曾与杨振宁、李政道合作研究玻色子凝聚态及超流问题。杨振宁、李政道因在这一领域研究获得了突破性进展，被授予诺贝尔物理学奖，获奖后还特别提到黄克孙在理论上的贡献。黄克孙还与诺贝尔物理学奖获得者温伯格（S. Weinberg）合作，对早期宇宙热力学进行了有意义的探索，

纪念黄克孙教授专刊

富有成果。他写的《统计力学》，成为全世界物理界公认的经典教科书。可以说，他是离诺贝尔物理学奖最近的广西人。

20世纪30年代，郑志鹏的父亲郑建宣在广西大学物理系任教，他们一家与英语系的一位教授是远房亲戚，往来密切，这位教授的儿子黄克孙，给郑志鹏的父母留下了极为深刻的印象。

童年时代的黄克孙就显露出与一般孩子不同的天赋：记忆力强，兴趣广泛，爱思考。一次，郑志鹏的父母到黄克孙家做客，发现小小年纪的黄克孙正在画画，画的是一间木屋，下面连着粗壮的树根。郑志鹏的父亲问他："房子怎么会长树根呢？"黄克孙回答："有树根才不会被大风刮倒，这是我理想的房子。"小黄克孙丰富的想象力可见一斑。黄克孙酷爱看书，也爱提问题，有些问题的深度远超过他的年龄，以至于以后郑建宣每每和郑志鹏兄妹谈起故人往事，都以黄克孙为榜样来激发孩子们的思考能力和想象力。

1938年，黄克孙随父母离开广西去了菲律宾，从此两家的联系就中断了。黄家在菲律宾的生活并不稳定，黄克孙几乎是以半自学的方式读完了小学、中学。1947年，黄克孙去了美国，进入麻省理工学院学习，只用了六年时间就拿到了学士和博士学位。黄克孙的博士研究领域是原子核物理，他在完成博士论文期间，还分出精力将英文版《鲁拜集》的一百零一首诗歌全部翻译成了中文七言绝句诗。1953年，黄克孙进入普林斯顿高等研究所工作，两年后又回到麻省理工学院，不久就当上了教授。

郑志鹏第一次见到黄克孙是在1978年的德国汉堡，还是得益于丁肇中教授的安排。一次，丁肇中和郑志鹏一起做实验，在休息聊天时无意中提到他在麻省理工学院的同事黄克孙，郑志鹏顺带说起了自己与黄克孙的关系。丁教授表示，黄克孙不久就要到汉堡考核自己在Mark-J工作的博士生的论文进展，利用此机会，可以安排郑志鹏与他会面。

黄克孙刚到DESY，丁教授就把消息告诉了郑志鹏。郑志鹏急忙从实验室赶往丁教授的办公室，终于见到了这位被父亲说起过多次、自己仰慕已久的表兄黄克孙。两人热情地握手，郑志鹏端详着这位第一次见面的表兄，他个子不高，典型的两广人面孔。黄克孙的话语亲切，声音洪亮，普通话讲得很好，没有明显的南方口音。他很关心郑志鹏的工作情况，郑志鹏告诉他，自己在德国的日子虽然忙，但是学有所得。黄克孙说："丁教授对你们这批从中国来进修的研究员都比较满意，相信你们基础不错，应该很快就能独立工作。"临别前，黄克孙还一再让郑志鹏代他向其父问好。

再一次见到黄克孙是在1979年下半年，郑志鹏那时刚回到中国科学院高能物理研究所工作。黄克孙受中国科学院高能物理研究所所长张文裕之邀，利用休假时间到所里给青年学者和研究生主讲"粒子物理引论"课程。随同访问的还有黄克孙的夫人，在郑志鹏的印象中，这是一位热情、开朗的意大利籍美国人。

黄克孙主讲的课程每周两次，每次两个小时，每次课都来三四百人，把大教室挤得满满的。黄克孙是理论物理学家，讲课时会有数学公式的简单推导，更多的则是讲清公式揭示出的物理实质。为了便于大家复习，他边讲边写，课后发讲义给听众，深受欢迎。每次讲完课，围在他身边的提问者总是里三层外三层。黄克孙耐心回答每个问题，不乏幽默和风趣。郑志鹏也经常是提问题者之一。

黄克孙讲授的粒子物理引论是郑志鹏进入高能物理研究的入门导引课程。此前，李政道先生曾在北京讲授量子场论。郑志鹏回国后认真学习了李先生写的量子场论讲义，这次又补习了粒子物理基础理论，再加上在丁肇中实验室学习到的粒子物理实验的知识和实践，这些经历对他以后参加北京正负电子对撞机（BEPC）和北京谱仪（BES）的建造和物理分析帮助极大。

这次黄克孙的北京之行历时数月，使郑志鹏与他有了更多的接触机会。讲课之余，黄克孙参观了郑志鹏的实验室和办公室，会见了新一批为赴丁肇中实验室而培养的后备人选，大家亲切交谈，合影留念。

他们再一次见面是在2002年，黄克孙到清华大学参加杨振宁的八十寿辰庆典上。黄克孙仍然是那样精力充沛，说话声音洪亮，除了头发有些斑白，与二十多年前变化不大。

在几次交谈中，黄克孙都问起国内科学界的状况和家乡的面貌。自此以后，郑志鹏与黄克孙再也没有见过面，但他对黄克孙的关注始终没有减少。黄克孙八十岁后还不断有新的论文刊发，理论物理著作和诗词著作也持续问世。2012年以后，黄克孙大部分时间都在新加坡度过。他得到了南洋理工大学高等研究所所长潘国驹教授和南洋理工大学徐冠林教授的支持，向当前物理界最热点的问题——

1979年黄克孙回国讲课

暗能量挑战，计算出了大爆炸时的宇宙方程，提出暗能量就是超流场能量的大胆假说，并带领一支以年轻人为主的团队对此课题进行了深入研究，取得了一批重要成果，并将其发表在了有影响的国际学术期刊上。这对一个年过八十的老者来说，是十分不易的。2016年在黄克孙去世前，世界科学出版社还出版了他的新书《超流体宇宙》（*A Superfluid Universe*）。这本书系统总结了国际超流研究的成果，其中包括黄克孙最新的创新成果。

两次登上国际讲坛

现在中国高能物理学者亮相国际讲坛的机会多了，对被邀请在国际高能物理大会上做报告已经习以为常，这是中国高能物理研究成果越来越多、国际影响越来越大的结果。但是在三十年前中国高能物理研究刚起步时，郑志鹏两次在国际高能物理大会上做报告的经历，正是中国物理学界在国际舞台上的啼声初试，充分展示了中国高能物理研究学者的风采。

一、新加坡国际高能物理大会

1990年，郑志鹏受到邀请，在第25届国际高能物理大会上代表粲物理能区作大会报告，这是中国高能物理界代表第一次在此大会上亮相。

第25届国际高能物理大会在新加坡召开，组织委员会主席由潘国驹教授担任，中国科学院院长周光召是大会筹委会成员之一。安排大会报告是大会筹备组的重要内容，按惯例，该事项由大会程序委员会确定。为了保证大会报告的高质量，报告题目及报告人要经过提名、讨论、协商、投票几个步骤进行确定，通常每一个领域（如电弱统一、CP破坏、B物理、粲物理等）只有一两个报告代表，竞争之激烈不言而喻。

当时，在粲物理领域工作有MarkⅢ、DM2和北京谱仪（BES）三个实验。前两个实验已开展多年，成果颇丰，北京谱仪则是刚建成不久，仅有初步成果。程序委员会开始讨论选谁为代表时，北京谱仪并不占优势。但后来委员会考虑到北京谱仪仅用了不到四年时间就建造成功，而且性能优良，运行亮度高，很快出了物理成果，受到高能物理界关注，综合权衡下，最终把代表粲物理研究领域向大会做报告的机会给了北京谱仪。同时，为了保证报告的全面性，程序委员会建议北京谱仪的报告需包括总结近年来MarkⅢ、DM2取得的成果。

郑志鹏时任中国科学院高能物理研究所副所长，负责北京谱仪项目，因此成为大会粲物理报告的发言人。当他接到大会报告的邀请信时，既高兴又紧张。高兴的是，国际高能物理界认可了北京谱仪；紧张的是，他还从来没有在这种千人级别的国际大会上用英语发言，而且报告内容中还要包括MarkⅢ和DM2两个实验的最新成果。能否实现清晰、准确的报告效果，郑志鹏并没有把握。

郑志鹏中学、大学主修的都是俄语，只是因为从1978年起要跟从丁肇中学习、工作，才开始接触英语。经过努力，他的英语交流已无大碍，但要在国际大会上代表中国做报告，还是感觉很有压力。正当郑志鹏忐忑不安时，他接到了周光召的电话。周光召勉励他说："这是一个向世界展现中国高能物理的难得机会，你应该接受这一挑战。相信你经过精心准备，一定会报告成功的。"郑志鹏定下心来，回答说："那就试一试吧，我争取作好报告。"

郑志鹏立即与MarkⅢ和DM2实验组联系，请他们整理并邮寄近期重要的成果，同时收集北京谱仪的各项性能指标和初步的成果。经过与MarkⅢ和DM2实验组的多次联系、协商及与北京谱仪同事的多次讨论，报告的初稿定下来了。成稿后，郑志鹏将报告的透明片稿寄给周光召，周光召作了少量修改后表示认可。一切准备基本就绪，郑志鹏才稍许放心。报告前，他又在北京谱仪同事面前作了模拟演练，对报告进行了最终修改，并且在场下进行了多次练习，熟悉内容，务求使自己的英语表达更准确、流畅。

做报告前，郑志鹏和高能所几位同事提前一天到达狮城新加坡。这里绿树成荫，是个全年都适合旅行的花园城市，然而重任在身的郑志鹏并没有心情领略美景。一下飞机，一行人就直奔酒店，办理入住手续后，稍事整顿，就早早休息了。第二天，郑志鹏感觉精力充沛，他被安排在大会下午第二个做报告。

大会当场的主持人是伯顿·里克特（B. Richter），美国斯坦福直线加速中心（SLAC）主任、诺贝尔物理学奖得主。当郑志鹏听到主持人叫他名字时，他信步登上了讲台。稍微定神，他往台下一打量，一千多个座位座无虚席，此时，郑志鹏是全场的焦点，一丝紧张涌上他的心头。他马上翻开第一张透明片，当注意力转移到报告内容后，他的心情就完全放松了。"这是我最熟悉的领域，每一个数据都经过反复推敲，没问题。"在这样的自我提示下，三十多张透明片一张张地被翻过，他时不时地瞄下手表，掌控好时间。报告的全程，会场听众鸦雀无声，郑志鹏的语气、语调愈发地坚定。在预定的四十分钟内，整篇报告一气呵成，最后一个字讲完，全场响起了雷鸣般的掌声。紧接着就是提问环节，听众们一共提了五个问题，有关于物理分析的细节的，也有关于北京谱仪今后准备开展的工作的，郑志鹏都一一给予回答。最后，大会主持人在总结发言时特别指出，北京谱仪探测器的建造仅用时四年，却实现了一流的性能和运行亮度，而且很快就取得了成果，他为此表示热烈的祝贺。紧接着，会场又是一阵热烈的掌声。

郑志鹏走下讲坛，第一个迎上前去与他握手致意的是丁肇中，他对郑志鹏报告的成功与北京谱仪取得的成果表示祝贺。郑志鹏回应说，北京谱仪的成功也有丁先生的功劳，在建造北京谱仪过程中丁先生提出过许多有益的建议。郑志鹏也感谢丁教授曾经带领他和几位北京谱仪的骨干建设者在 Mark-J 实验室参与实验和培训，这些经验对于他们一路的研究工作助益良多。

接下来，郑志鹏又见到了杨振宁、蔡永赐、杨炳麟、蓝志成等华人物理学家，他们都对北京谱仪实验及郑志鹏报告的成功表示赞赏和祝贺。

午饭时，郑志鹏见到了伯顿·里克特，这次会面促成了由中美两国物理学家参加的北京谱仪国际合作组的正式成立。

二、康奈尔大学国际轻子光子大会

1993 年，第 16 届国际轻子光子大会在美国康奈尔大学举办（该会议与国际高能物理大会并列为国际高能物理界的两大盛会），郑志鹏被组委会邀请在大会上作《BEPC/BES 上进行 τ 轻子质量精确测量》的报告。这是本次大会三个对撞机研究领域的成果报告之一。

报告的主题是 1991 年 8 月至 1992 年 3 月期间，他们在北京正负电子对撞机/北京谱仪（BEPC/BES）上开展的 τ 轻子质量精确测量的研究工作。郑志鹏作为该实验的主持人，又一次代表中国登上了世界级讲台。

从接到邀请函开始，郑志鹏就进行了认真的准备。虽然他亲自主持和参与了 τ 轻子质量精确测量实验，对实验背景、过程、方法以及数据分析、误差处理、结果的意义十分了解，但写成报告也还需要在组织整理资料上下一番功夫。

1993 年 8 月 8 日，郑志鹏和几位中国同事抵达纽约，然后乘车前往位于伊萨卡小镇上的康奈尔大学。小镇美丽的景色和大学优雅的校园风光给郑志鹏他们留下了深刻印象。

郑志鹏的报告被安排在第二天，报告时间也是四十分钟。当主持人叫到郑志鹏的名字时，他快步走向讲坛。因为有了一次大会演讲的经验，这次他明显自信、从容许多。郑志鹏的报告分为引言、测量方法与步骤、数据分析和误差处理、实验结果、结论五部分。报告开始后，郑志鹏把准备好的透明片一张张翻开。

由于事先作了充分的准备，郑志鹏做报告时的每一个环节都按预期进行。他语言流畅、一气呵成，准时在四十分钟时结束，现场立即响起了热烈的掌声。郑志鹏清楚地知道，掌声是对北京谱仪第一项物理研究成果的认可和赞许，作为报告人，他只是讲述了这个故事。此时，郑志鹏深深感到两年前他们的努力是值得的，合作组的努力是值得的。经过半年多准备的报告取得了预期的效果，郑志鹏如释重负。

第二天，郑志鹏等接到了中国驻美国大使馆文化参赞打来的电话。使馆方面表示，他们高度关注中国物理学家在国际大会做报告的动态，希望能了解到更多详细情况。郑志鹏马上写了简短的汇报材料，并提到著名的理论物理大师李政道教授与米歇尔·达维尔教授（Michel Davier）高度评价了这一成果，认为这是近年来最重要的高能物理实验。

谈起往事，郑志鹏的脸上时常洋溢着笑容，他说这是自己难得的人生机遇。能够参与中国高能物理实验基地的早期建设，并两次代表中国高能物理界向国际高能物理界展示中国的成就，让世界了解中国，他感觉幸福且幸运。在党的领导下，一代代中国科技人怀着对科学真理的不懈追求，克服了新中国高能物理研究起步阶段的种种困难，在这些历史进程中留下了自己的汗水和脚印。他们初心不改、奋斗不止的精神，已成为后辈科技工作者学习和传承的宝贵精神财富。

第八章　学术成就与人才培养

主要学术成就

北京谱仪建成以后，主要任务就是采集高质量数据，早出重要的物理成果。但当时科研团队最薄弱的短板是物理分析。为此，郑志鹏一方面推进国际合作，学习国外实验组数据分析软件及分析经验；一方面鼓励从事硬件研究的同事加入物理分析队伍，增强数据分析力量，并着手引进杰出人才。北京谱仪的运行和数据获取也在同步推进，经过几年的努力，取得了一系列重要的物理研究成果。

1991年，国际上关于轻子普适性是否成立的争论引起了郑志鹏的关注。如果认可当时的τ轻子质量测量值正确，那么大家所公认的轻子普适性原理就不成立，这对粒子物理理论将是一个巨大挑战。τ轻子是重要的粒子，它与电子、μ子属于轻子类，美国人马丁·佩尔因发现τ轻子而获得诺贝尔物理学奖。

郑志鹏和同事们经过仔细调研发现，之前国外的四个实验都采用产生截面拟合的方法，误差较大。他们敏锐地注意到τ轻子质量精确测定在轻子普适性是否成立的重大问题中起着关键作用，而北京正负电子对撞机与北京谱仪为提高τ轻子质量测量精度提供了一个难得的机遇。

郑志鹏、李金、漆纳丁等人在国家实验室学术委员会上作了《建议在北京谱仪上开展τ轻子质量测量实验》的专题报告。最终，与会专家一致同意在北京谱仪上开展τ轻子质量测量实验。

郑志鹏作为这一国家自然科学基金重大项目的主持人，敲定了要用创新方法实现实验的目标。最终，他们经过一系列实验方式和测量工作之后，得出了新的测量结果。该结果比之前的结果精度提高了10倍，质量值小了7 MeV。按此新值，轻子普适性理论成立，这消除了长期以来的争议。

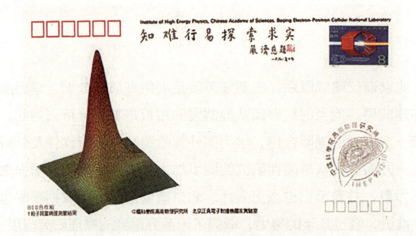

1992年12月10日，我国为纪念τ轻子质量精确测量而发行的首日封

1992年和1993年，郑志鹏代表北京谱仪合作组分别在海外华人物理大会（应会议主席李政道邀请）和国际轻子光子大会（应大会邀请）上报告了τ轻子质量测量结果，引起了国际高能物理界极大反响。这一结果被公认为是1992年国际上最好的粒子物理研究成果，并被评为1993年国际十大科技新闻之一。该结果被国际权威《粒子数据手册》（PDG）收录，后来被PDG认为是粒子物理界50年来的重要实验数据之一。这一结果也解答了长期困扰高能物理界的疑惑。

北京谱仪一炮打响，刷新了国际高能物理界对中国人的认识。中国科学家用行动和无可辩驳的实验结果，让苏联"只造加速器，没有物理结果"的困局成为历史，让世界为之瞩目。τ轻子质量测量获得了中国科学院自然科学奖一等奖（1993）和国家自然科学奖二等奖（1994）。

随后，根据不同的物理目标，研究团队在 τ-粲能量区间按计划采集数据，并在 τ 质量精确测量（1995年获国家自然科学奖二等奖）等研究方向取得了重要成果。

作为这一系列研究的亲历者，郑志鹏深知一切来之不易。建造北京正负电子对撞机时，外国友人曾跟郑志鹏粗略估算过一笔投入账，要取得同样的成效，在德国、美国差不多需要投入20多亿元经费。但郑志鹏最清楚不过，我国这方面的实际投入仅为外国的十分之一，远低于外国估算的中国至少需要投入10多亿元的水平。连丁肇中知道后，都不禁跟郑志鹏感叹："你们太省了！"

只算投入账，外国同行也许永远难以理解他们眼中的这个中国奇迹。北京谱仪成功研制的背后，以叶铭汉、郑志鹏为代表的科学工作者挑最重的担子，啃最硬的骨头，凭借对家国的一腔热血、对科学的钻研精神，从零起步、自力更生，破解了一个又一个技术难

1988年时任国家科学技术委员会主任宋健（左一）参观北京谱仪，郑志鹏作讲解

题，却依然初心如磐。在我国科研体系的支持下，他们凭着以身许国的炽热情怀和淡泊名利的无私情怀爆发出极大的潜力，弥补了诸多基础条件的不足，创造了让人惊叹的业绩。

科学研究永远不给人故步自封、一劳永逸地躺在功劳簿上的机会。经过五年的运行之后，因受辐照损伤，北京谱仪探测器出现了明显的老化现象。提高正负电子对撞机的亮度、改进北京谱仪性能的课题被排上了科学研究团队的研究日程。1992年，郑志鹏被任命为中国科学院高能物理研究所所长后，就开始着手北京正负电子对撞机与北京谱仪的升级改造工作。

经过几年的努力，升级改造成功后的北京正负电子对撞机与北京谱仪闪亮登场。为了提高正负电子对撞机亮度，科研团队采用了国际上新的mini-β技术，压缩在对撞点的束流横截面尺寸，并对高频系统、束流测量系统、磁铁电源系统和控制系统等都作了重要改进。为了改善和提高北京谱仪的性能，科研团队建造了新的主漂移室、新的飞行时间计数器和新的亮度监测器，并对部分数据获取系统和触发判选系统进行了升级。改造后，数据获取效率和质量有明显提高。北京正负电子对撞机的亮度提高了两倍，北京谱仪的性能有很大改善，数据获取、触发判选、分析软件等系统性能也有很大提高。

与此同时，郑志鹏和同事们注意到了在北京谱仪工作的低能区中强子截面精确测量的重要性。在标准模型发展过程中，R值（反映强子截面的重要参数）的测量结果为夸克-部分子模型的确立以及夸克有三种颜色提供了直接证据。当时，其他实验组所测量的低能区R值的误差较大（约15%），如果能够提高R值的测量精度，则可显著减少标准模型重要的参数——电磁跑动耦合常数及反常磁矩等的测量误差。

郑志鹏和同事们随即开始了R值测量实验，经过几年的努力，实验终于取得了圆满成功。北京谱仪测量得到的各个能量点的R值精度比之前的实验精度提高了2~3倍，系统误差降为5%~8%。该结果给出了国际高能物理界普遍关心的希格斯粒子新的质量上限，被认为是当年最重要的粒子物理成果之一。此成果获得了2003年中国科学院杰出成就奖，郑志鹏是获奖人之一。

τ轻子质量的精确测量以及R值的精确测量成果大大鼓舞了中国物理学家的士气，同时也有力地向世界宣告：中国人同样可以取得世界一流水平的成果。

此外，研究团队还利用升级后的北京谱仪Ⅱ，采集了5800万J/Ψ、1400万Ψ（2S）和33 pb-1Ψ（3770）事例，均为当时世界上最大的事例样本，并获得了一系列重要的物理成果。其中粲物理研究、X（1835）新粒子的发现分别获得2008年和2013年国家自然科学奖二等奖。

郑志鹏任中国科学院高能物理研究所所长期间（1992—1998），除上述在北京谱仪方面的工作外，所里其他各学科的发展成果同样丰富，如对撞机的稳定运行和升级改造，同步辐射的运行和扩建，西藏羊八井宇宙线观测站的建设，高空气球的研制，北京自由电子激光的建造（建造成功后成为亚洲第一），国内第一条互联网建成并成功运行（1994年），中子治癌装置的研制和应用，宇宙线、核分析开放实验室的建立，X射线天文望远镜（后称"慧眼"）的准备等。

在此期间，中国科学院高能物理研究所获得了多项中国科学院、国家级成果奖励，争取到了各种渠道的基金支持，被中国科学院评为优秀研究所。这是全所职工努力拼搏的结果，郑志鹏在所长的岗位上做出了自己应有的贡献。

郑志鹏始终保持着"逆水行舟，不进则退"的清醒意识：在国际竞争异常激烈的情况下，国内学界的研究绝不能止步。他在负责北京谱仪升级改造时，就开始构想我国高能物理的发展蓝图。

中国互联网的开通

20世纪90年代初，由李政道牵头提议的中美两国合作建设北京正负电子对撞机工程进入了实验阶段，需要大量的数据分析和计算软件，还需要建立一条类似今天互联网这样的专线，当时称作国际计算机高速专线。

1991年，在中美高能物理联合委员会会议上，代表们正式提出要建立一条从北京中国科学院高能物理研究所（IHEP）到美国斯坦福直线加速器中心（SLAC）的计算机联网专线，以便满足北京正负电子对撞机数据和软件传输的需要。

当时国内还没有互联网，为了落实会上提出的这一重要事项，中国科学院高能物理研究所决定开通这条计算机国际专线。然而，当时在国内还没有互联网运营商这个概念，专线如何接入，根本无人知晓。郑志鹏当时任所长，他决定由高能物理研究所自己开通专线，并把这项任务交给了许榕生研究员等人负责。许榕生是李政道从SLAC邀请回国工作的，当时的任务是负责北京正负电子对撞机的软件工程和数据分析，因此，网络连接这一开创性任务也顺理成章地由许榕生去负责完成了。

经郑志鹏批准，所计算中心订购了互联网最重要的路由器设备（思科公司第一台进入中国的网络设备），接着到北京市电信局洽谈租用国际专线的手续与各项技术准备。高能物理研究所开通第一条Internet线路的历史任务就这样开始了。当然，在这之前所里也一直在尝试用各种各样的协议和通信设备跟国外相互连接，但都还不是基于TCP/IP协议的应用，而且速率都太低。

当年美国一批物理学家和计算机网络专家来到中国科学院高能

物理研究所，和许榕生等研究员讨论如何实现中美联网。刚开始，中国方面还只能通过卫星（Skynet）直达美国本土进入到SLAC，到了SLAC以后就是美国的能源网（ESnet，它是美国早期的几个主要网络系统），因此我国的信号只要通过SLAC转到美国的网络系统上就可以连通互联网。

当时，北京有个821电话局就在高能物理研究所附近，电信局之间有光纤相连，但还没有连接到高能物理研究所。于是电信部门暂时用两根电话线来连接电话局的机房和高能所，即用铜线代光纤，之间有两个block（路口）的距离，两头用64 K的基带调制解调器连接。当年在国内，这样开通专线连接的方式还是一个非常大的难题。国内电信部门的工程师用了18个月的时间反复调试，才使这条线达到了专线通信正常使用的标准（误码率降到10^{-8}/s以下）。1993年3月2日，终于在北京瞬间接通了中美两国计算机联网。

为了长期使用SLAC的网线，郑志鹏以高能物理研究所的名义，以中美北京谱仪合作为契机与SLAC伯顿·里希特所长签了协定，保证了合法使用权。

1993年中国科学院高能物理研究所开通计算机国际专线后，国家自然科学基金委员会支持并要求高能物理研究所网络向国内的科研人员部分开放使用，并推荐了一批课题负责人通过这条专线使用互联网的部分功能。高能物理研究所帮当时一千多位高级科研人员开通了电子邮箱（Email），各地科研人员通过简单的拨号就能进入高能物理研究所的网络。这批专家教授和高能所的科研人员成为中国互联网的第一拨"冲浪者"。

高能物理研究所当时是中国科学院最大的研究所之一，有上千人的队伍在北京电子对撞机工程的激励下奋勇攻关，配合默契。正是在这样一批多学科人才的共同努力下，对撞机和互联网相关技术才实现突破。高能物理研究所于1994年4月设立了中国第一台

WWW 服务器。所里的这条互联网专线结束了中国"唐僧取经"式的传统国际信息交流方式，WWW 技术的引进让中国人看到了全球信息技术划时代的景象，中国从此步入了一个崭新的时代。

中国科学院高能物理研究所国际互联网的开通，对中国互联网的发展起到了极大的引领和推动作用，在其发展史上具有重要的影响和意义。不知时任高能物理研究所所长的郑志鹏有没有意识到，正是在他促成这条专线建设之后的三十年，互联网技术深刻地改变了中国人的生产和生活方式。如果说中国科学院高能物理研究所曾经在中国的互联网事业中写下过重要的一页，那么，可以说郑志鹏在这一页上留下了浓墨重彩的一笔。

当然说到互联网的成功，郑志鹏一再强调这是经过长时间努力的结果，许多人都为之付出过心血。正如接力赛，在他任上跑完了最后一棒，但成绩应归所有参赛者，特别是起跑人叶铭汉、肖健、吴为民。吴为民于 1986 年在高能物理研究所发出了中国的第一封电子邮件［到日内瓦的欧洲核子研究组织（CERN）］。之后陈和生及计算中心的有关人员也都做出了许多贡献。

高纯锗研制的突破

宇宙学、天体物理学的最新研究成果表明，我们所能观测到的物质仅约占宇宙总质能的 4%；观测不到的物质是以暗物质的形态出现的，约占宇宙总质能的 23%，它有质量、有引力作用，却不发光。寻找暗物质存在的证据并研究其性质，已成为当代物理学研究的热点。高纯锗探测器就是探测暗物质的重要工具之一。与液氙、液氩探测器相比，高纯锗探测器有更低的能量阈、更高的灵敏度，适用于质量小于 10 GeV 暗物质粒子的探测。

高能物理研究中常使用高纯锗探测器，但是国内长期以来都依赖从国外进口的设备。进口的高纯锗探测器价格昂贵，这是因为它需要高纯度的锗单晶材料，而国内当时并没有拉制能力。曾经，我国每年需向国外奥泰克（ORTEC）、堪培拉（Canberra）公司进口数百台高纯锗探测器，价值数亿元。从1970年开始，美国、欧洲垄断了高纯锗单晶和探测器的国际市场，他们从我国以每千克8000~10000元人民币的价格购买区熔锗锭加工后，再以30~40倍的价格向我们出售高纯锗单晶材料。而高纯锗探测器我们则需要以60~100倍的高价购买，特殊型的更贵得难以想象。

国家不富裕，单算这一笔经济账，就知道国家是"流着血"在支持国内高能物理研究事业。"卡脖子"的滋味只有自己最清楚，中国物理学界都知道，要改变这一不合理状况，打破国际垄断的唯一方法就是自力更生，拉制出国产的高纯锗单晶材料，并用此制成不同类型的具有优良性能、物美价廉的高纯锗探测器。

高纯锗探测器的自主研制需从高纯锗单晶的研制做起。为此，自20世纪80年代开始，我国许多单位进行了这方面的尝试。2006年，由云南锗业（云南临沧鑫圆锗业股份有限公司）牵头负责，成立了锗业研究所。郑志鹏应邀参加云南锗业研究所的工作，负责组建产学研团队，研制锗的高端产品，希望借此改变该公司过去只销售锗的原材料和生产纯度很低的锗锭的状况。他认为这是一个将自己毕生所学用于直接服务社会的机会。

20世纪90年代，深圳大学在特殊区熔方面取得了很好的成果。郑志鹏找到了深圳大学的白尔隽教授（曾在美国学习过高纯锗单晶拉制）和中国原子能研究院的高德喜研究员（制造高纯锗探测器的专家），在叶铭汉、冼鼎昌、王乃彦院士的支持和推动下，一个由中国科学院高能物理研究所、半导体研究所以及深圳大学、中国原子能研究院有关专业人员组成的产学研队伍组成了。

考虑到节省资金，研究所设置在锗生产基地——云南的西南边陲临沧。克服了交通不便、加工、采购等困难，专家们终于在那里建起了实验室。他们的任务就是将锗锭熔化在特制的区熔炉中提纯（多晶），然后在自己研制的单晶炉上拉成高纯度、低位错的锗单晶材料，目标是"13个9"纯度，即99.9999999999999%。

郑志鹏和白尔隽、高德喜两位专家一起立下志向，一定要让中国也能制备出高纯锗单晶，并用自己生产的单晶制成中国造的高纯锗探测器。经过一段时间的调研，团队瞄准了两个目标：一是高纯锗单晶和探测器研制，二是锗太阳能电池的产业化。很明显，这两个项目都有很好的经济效益（是生产锗锭的十几倍到几十倍），而且市场前景看好，但技术难度大，特别是前者，要求高纯锗单晶的纯度达12个9及以上（高纯锗探测器制备所必需），当时世界上只有美国和比利时做得到，而国内的锗锭纯度只达到了4个9水平。

2009—2013年，该工作得到了国家科技支撑计划的支持，研制工作取得了较快进展。经过四年不懈的努力，项目最终获得了预期成果，达到了任务规定的阶段目标，在国内首次拉制出纯度为12个9的锗单晶，掌握了高纯锗单晶制备和高纯锗探测器（平面型、同轴型）制备的关键技术，并通过了科技部专家委员会的验收。

主编《中国物理C》

《中国物理C》是国内高能物理与核物理领域唯一的学术期刊，于1977年创刊，时称《高能物理与核物理》，首任主编是朱洪元先生。朱洪元是我国著名的理论物理学家，中国粒子理论物理的开拓人，中国科学院院士，时任高能物理研究所副所长、所学术委员会主任。在20世纪60年代初，朱洪元就有创办学术期刊的想法，这个想法在"文化大革命"结束后，终于迎来了梦想成真的曙光。

1977年，当朱洪元再次提出这一设想时，立即得到了时任高能物理研究所所长张文裕、近代物理研究所所长杨澄中的大力支持，并同意两所作为期刊的挂靠单位，将期刊取名为《高能物理与核物理》，他们期望这本期刊能为这两个紧密关联的学科交流提供一个平台。这个申请很快得到了中国科学院的批准。

创办一份期刊，一切从零开始，困难之多可以想象。当时遇到的最大问题就是稿源的稀缺。经历了十年"文化大革命"浩劫，中国的高能物理和核物理事业受到极大冲击，除还在开展少量的理论研究之外，其他科学研究几乎处于停滞状态。没有研究就没有成果，自然就没有了稿源。

朱洪元为了争取稿件，想尽了各种办法。他首先建立了一个强而有力的编委会和编辑部，并亲自为期刊撰稿、组稿，还要求编委会成员积极投稿。在他的影响下，期刊收到了一批有分量的文章。很快他又发现，理论稿源增加了，但实验稿件仍十分缺乏。朱洪元虽然是一个理论物理学家，但是十分关心实验物理的进展，一旦了解到这方面出了成果，就亲自约稿。

郑志鹏就是在朱先生的亲切关怀和鼓励下，于20世纪80年代初向《高能物理与核物理》期刊投了几篇有关大面积闪烁计数器的实验文章，并得到了期刊的录用。第一次看到自己的文章在自己仰慕的期刊上发表，郑志鹏心情无比激动。有一次，郑志鹏投了《BaF_2闪烁计数器》一文，当朱先生得知该文在研究BaF_2快发光成分方面有创新时，建议以快报形式发表，并亲自为他修改文章。当看到主编修改的字迹时，这个初出茅庐的年轻人受到了很大鼓舞；再细看朱先生修改的文章内容，他又被朱先生的严谨、认真所折服。

郑志鹏是在1994年接任冼鼎昌，成为《高能物理与核物理》这本学术期刊主编的，但那时因为中国科学院高能物理研究所所长工作繁忙，投入期刊的精力有限，他担任一届主编后便将期刊交给了马基茂负责。四年后，主编任务又转到郑志鹏手里。前后十多年，郑志鹏与期刊结下了不解之缘，其中有艰辛和烦恼，也有快乐和欣慰。他和期刊编辑部的同仁们始终以朱洪元为榜样，沿着朱先生开创的办刊之路砥砺前行。

在一次编委会上，陈佳洱院士提出：一本期刊要办好，最重要的是找好定位。这句话千真万确。郑志鹏和期刊的编辑们在办刊实践中不断思考这个问题。虽然朱洪元在创刊伊始就给出了期刊的定位——中国高能物理与核物理学科的交流平台，但是随着学科的不断发展，期刊也要"与时俱进"，所刊登的内容、面对的对象需不断调整，逐渐形成特色。十多年来，期刊的栏目、内容不断完善，不但有与高能物理、核物理相关的理论、实验、加速器、探测器、宇宙线等内容，还增加了天体物理、宇宙学、同步辐射、自由电子激光和核应用等栏目。后来与粒子物理、核物理相关的电子学、触发判选、数据获取等内容也增加了进来。随着学科的发展，大科学工程、大实验装置的出现，期刊又刊登了大量这方面的相关论文。

办好期刊最重要的是稿源，为此编辑部做了很大努力。本来随着近年来我国科技事业的快速发展，论文发表数量不断增多，稿源不应该有问题，但由于一些评价体系片面追求论文的引用率、期刊的影响因子，致使国内的大量好论文投向国外，导致包括《高能物理与核物理》在内的许多期刊处于被动地位，若不采取行动则会陷入办刊的恶性循环之中。

郑志鹏组织编辑部采取了一系列改进措施，力求解决办刊难题。首先，期刊社设法调动编委们的积极性，请他们撰稿和组稿，并主动向各国家实验室、大科学装置、大科学工程、国际合作组约稿，向一些国内外重要的学术会议组稿，也直接向著名的科学家如李政道、奥尔森（S.Olsen）等约稿，并得到了积极的响应。其间，编辑部还得到了有关北京谱仪和大亚湾中微子实验（包括实验结果和其对理论的影响）的多篇稿件。这些文章的刊登，对期刊质量和影响力的提高起到了重大推动作用。

办一本高质量的期刊，审稿是第一关。郑志鹏和期刊编辑们在完善稿件的审查机制方面推进了一些工作，如组成了学科编委会，聘请熟悉本学科而又热心学术的专家担任委员，对稿件进行初审，并推荐合适的"小同行"评审人。经过一段时间的实践，发现这一机制对为一篇稿件找准在第一线工作的评审人非常奏效。

期刊的国际化也取得了一定进展。2003年，中国物理学会同意将《高能物理与核物理》列为其下属的四种系列期刊之一，并更名为《中国物理C》，要求期刊在几年内完成对国际开放和全英文版的过渡。郑志鹏和期刊编辑们知道，这是这本期刊国际化的一次绝好机遇。虽然这种转型在短时间内可能会面临巨大的困难和挑战，如会失掉一部分中文稿件，英文稿件的替补很难马上跟进，同时还会在编辑人员不增加的情况下，增加英文编审的工作量，但是他们看准了方向，毫不犹豫就同意了。

经过不断努力和精心准备，《中国物理C》终于在2008年成功完成了向全英文版的过渡，第二年又与英国物理学会（IOP）合作，成为其出版刊物之一。这为世界了解这本杂志，了解中国高能物理和核物理的学科进展，为中国高能物理和核物理走向世界打开了一扇窗口；同时，可以让更多国际读者读到《中国物理C》，提高引用率，也吸引更多的国外学者给期刊投稿，增加稿源，提高期刊的知名度。国际化的另一个作用是把期刊放在全球层面上审视，这大大促进了期刊论文创新水平和英文水平的提升。几年来，读者已经明显地感觉到，在国际化的推动下，期刊的总体水平（包括文章的科学内涵和英文表达）以及出版质量都有明显提高。

2012年，《中国物理C》入选SCOAP3的核心期刊，这是得到了国际认可的标志。SCOAP3 即"粒子物理开放存取出版资助联盟",旨在推动国际高能物理界科研信息的开放共享,其论文永久开放,可通过网络自由阅读、下载和引用,给读者带来了极大方便,同时也扩大了刊登论文的传播范围。当年他们还刊载了"原子核质量评估"(AME)专辑。

2013年,在中国科学院高能物理研究所的大力支持下,《中国物理C》在申请出版"粒子数据组评论"(PDG)专辑的国际竞标中获胜,这是亚洲首次获此殊荣。经过努力,期刊编辑终于保质保量及时印好了15000本大本(16开,1500页)及2万本精装小本专辑,并按要求邮寄到世界各地。本次专辑的编辑出版得到了世界各国物理学家的好评。

刊登PDG专辑之后,《中国物理C》的影响因子有大幅提升。2015年,其影响因子达到了3.76,在粒子物理和核物理类都进入了Q2区,这标志着期刊迈入了国际优秀期刊的行列。

为了让期刊达到国际一流水平,郑志鹏和他的编辑同仁们始终保持着清醒;为了早日达成目标,他们一直在努力。郑志鹏前后三届担任《中国物理C》主编,为期刊的发展做出了重要贡献。在他担任主编期间,《中国物理C》的影响因子得到了大幅度提高,2016年达到了5,进入粒子物理和核物理Q1区,成了国际先进期刊。

更难得的是,目前期刊工作已经进入良性循环,将会吸引到更多来自世界各地的稿源,这为期刊更上一层楼打下了良好的基础。郑志鹏深知成绩来之不易,这是包括编委、编辑部、作者、审稿人在内共同努力的结果,是几十年来一代接一代人奋斗的结果,荣誉属于所有为之付出辛劳的人们。

祝贺

中国物理C（高能物理与核物理）杂志创刊35周年

李政道题
二〇一二年九月十日

李政道为《中国物理C》创刊35周年题词

郑志鹏（右）与叶铭汉院士（左）在《中国物理C》创刊35周年纪念会上

培养科技人才

　　郑志鹏是清华大学、中国科学技术大学、南开大学、广西大学、广西师范大学、广西工学院（今广西科技大学）的兼职教授，曾多次到这些大学作学术交流，他与中国科学技术大学、南开大学、广西大学的联系尤为密切。他多次向各高校学子介绍高能物理的最新进展和北京谱仪的成果，在各高校中掀起了一阵爱科学、学科学的热潮。

　　郑志鹏从中科大毕业分配到中国科学院，特别是到高能物理研究所工作后，得到了著名物理学家赵忠尧、叶铭汉的悉心培养，在高能物理研究的事业上取得了突出的成就。"往昔曾闻济世愿，今日复作传灯人"，郑志鹏感念师恩，决心把高能物理事业的灯火一代一代地传承下去，尽己所能培养高能物理研究的后备人才。

　　中国科学院高能物理研究所是国家批准的首批博士点单位之一。郑志鹏在1991年成为博士研究生导师后，共培养硕士12人、博士15人、博士后3人。

　　郑志鹏对研究生的培养很重视。自己的研究任务再繁重、社会事务再繁忙，也要做到对每一个学生负责。他记挂学生们的基础理论是否学得扎实，记挂他们的论文选题是否得当；他为学生们创造完成论文的实验条件，每周检查一次论文进展，解答遇到的问题，疏解面临的困难……在学生们眼中，他是一个存在感十足，又让人倍感安全的导师。学术上，他是一个要求严格、一丝不苟的导师，经常和学生们分享自己在丁肇中实验室学习的故事，以丁肇中严谨的科学作风、敏锐的观察能力来启发和教育学生。

　　郑志鹏把父亲郑建宣作为师者操守的榜样。郑建宣一生从事教育事业，桃李满天下。立德、治学、为人、处世，"致广大而尽精微"，郑建宣对学生的影响力是全方位的。像父亲一样，郑志鹏也常邀请学生到家中做客，饭菜简单，但谈工作、谈生活，非常融洽、愉快。他说："培养研究生就是基于科学事业的代代相传。赵忠尧、张文裕等老师培养了我，我也要像他们那样培养高能物理事业的接班人，把事业一代代地传下去。"

郑志鹏对很多学生的人生轨迹产生了重要影响，而他们也以出色的业绩回报了恩师的培养。

其中有一位学生叫赵政国。他是中科大的梅镇岳教授推荐到郑志鹏实验室学习的。他勤奋好学，常常是第一个到实验室，又最晚离开的人。他接受能力强，研究和工作的热情很高，往往总能提前完成工作任务，之后马上又向郑志鹏申请新的任务。郑志鹏也乐意在实验中向他传授知识，讲授实验方法。一天，他们从上午8点工作到下午2点，紧张的实验让他们忘记了时间。此时，食堂早已经过了午饭时间，郑志鹏就把他带到家里给他下挂面、炒鸡蛋，简单充饥之后又埋头进实验室作研究。赵政国在高能物理研究所的一年多时间里，这样的经历是常事。

赵政国完成了硕士论文后又返回中科大，在梅先生的指导下完成了测量电子中微子的博士论文。他的论文结果是世界上最精确的成果之一。

1988年赵政国获得博士学位后不久，郑志鹏招收他到北京谱仪实验室作博士后研究，他给赵政国安排的课题是"中心漂移室读出软件设计"，极有挑战性，但赵政国都完成得很好。不久，郑志鹏又推荐他到瑞士苏黎世联邦理工学院继续做博士后。在那里，赵政国作了许多创新型探索。2001年，赵政国又赴美国密歇根大学当访问学者，负责大型谱仪中的缪子探测器工作。

几年之后，高能物理研究所首次招收"百人计划"学者，郑志鹏推荐赵政国参加考核。在激烈的竞争中，赵政国不负众望，成了高能物理研究所第一个实验领域的"百人计划"学者。郑志鹏让赵政国负责 R 值测量的课题，该课题已准备多年，在赵政国主持下最终取得国际一流的成果，成果获国家自然科学奖二等奖。2013 年，赵政国当选中国科学院院士，现已经成为中国高能物理研究的领军人物。

此外，现为北京大学物理学院院长的高原宁也曾在郑志鹏的指导下进行研究工作。1988 年，北京大学教授、著名理论物理学家高崇寿带着他即将毕业的博士生高原宁去到郑志鹏的办公室，推荐高原宁博士毕业后到高能所作博士后研究，希望郑志鹏当高原宁的博士后导师，指导他在北京谱仪项目组作数据分析。

高原宁报到的第一天，郑志鹏把他带到谱仪大厅，他显得很兴奋，不时提出问题。高原宁勤奋好学，理论基础好，肯动脑筋，很快就掌握了数据分析的关键方法。他的天赋很高，郑志鹏只是稍加点拨，他就能心领神会、触类旁通。

1991 年下半年，北京谱仪开展质量测量，在有关数据拟合讨论时，高原宁提出了自己的方法，敢于和合作的美国同事辩论。最终，他的方案被大家一致同意并采纳。

高原宁的出色表现显示出他巨大的潜力。后来，他被选送到英国著名的伦敦大学皇家霍洛威学院深造，之后又到美国密歇根大学、欧洲核子中心工作。2000 年，高原宁入选清华大学"百人计划"，回国加入清华大学，后又返回北京大学。他因领导的团队在世界上首次发现五夸克态而受到国际关注。2019 年，高原宁亦当选中国科学院院士。

1988 年，广西大学物理系学生陈少敏也有幸成了郑志鹏的研究生。当年，经高能所同意，郑志鹏被批准在广西大学物理系招收一名研究生，最后综合笔试和面试成绩，郑志鹏录取了陈少敏。

陈少敏在两年的硕士研究生阶段表现很好，他学习努力，动手能力强，业务上一点不输给北大、清华毕业生。1991年，他又成为郑志鹏的博士研究生。郑志鹏为他选定的研究题目是《τ中微子质量的测量》，这个题目难度很大，陈少敏却完成得很好，其论文被评为优秀论文。

1994年，陈少敏拿到博士学位。第二年，郑志鹏推荐陈少敏跟从法国著名的粒子物理学家达维尔教授作博士后研究。博士后期间，陈少敏工作优秀，获得了达维尔的好评。后来，陈少敏又到东京大学宇宙线研究所、加拿大粒子与核物理国家实验室工作。2005年至今，陈少敏在清华大学工程物理系任副主任。近几年，陈少敏带领团队在锦屏山地下实验室开展中微子实验，负责的科研项目经费超亿元。陈少敏已经是我国高能物理界公认的粒子实验物理的领军人物。

郑志鹏的得意门生还有高能实验物理研究的领军人物金山、黄光顺、孙胜森，中子探测器领域的学术领军人物孙志嘉。还有许多，包括在海外做出重要贡献的学生，在此不一一提及。

春华秋实，桃李芬芳，有太多的学界才俊都曾得到过郑志鹏的悉心教导，广西大学物理学院教授刘宏邦甚至还得到了郑志鹏及其儿子郑阳恒这两代导师的指引和培养。

2005年，在广西大学物理学院召开的高能物理会议上，还是研究生新生的刘宏邦有幸认识到了众多高能物理学家，其中就包括郑志鹏。刘宏邦感觉郑老师非常和蔼，与他交谈时感觉特别亲切和放松，而郑志鹏老师对学术发展方向的高瞻远瞩尤其让刘宏邦折服。郑志鹏老师提到的北京正负电子对撞机引起了刘宏邦的巨大好奇心，他也憧憬着可以有机会到北京中国科学院学习，迫切地想要揭开高能物理的神秘面纱。

终于，在读研究生二年级的时候，刘宏邦如愿以偿，得到了作为中国科学院高能物理研究所与广西大学联合培养研究生的机会。

在高能物理研究所，郑志鹏一直关注刘宏邦的学业，他关心他的生活，时常给他"开小灶"，循循善诱。在他思想松懈之时，郑志鹏总是及时地给予开导，不着痕迹地谈心和话家常让刘宏邦倍感温暖。在刘宏邦学业上碰到困难时，郑志鹏常常会以"过来人"的身份把自己的奋斗经历娓娓道来，引导刘宏邦克服畏难情绪，一步一个脚印踏实做好眼前事。

在刘宏邦对自己的研究方向是物理分析还是探测器硬件研究犹豫不决时，郑志鹏以自己对刘宏邦在探测器硬件研究上的兴趣和潜力的洞察，将他推荐给了自己的儿子郑阳恒。

"耕读传家久，诗书继世长"，自小对父亲的研究耳濡目染的郑阳恒已经继承了父亲的衣钵，成了年轻有为的实验物理学家。他是美国夏威夷大学粒子物理学博士，中国科学院大学教授、博士研究生导师，在实验粒子物理、核与粒子探测器研制方面有很深的造诣，似乎是与生俱来地有一种科研兴趣。

顺理成章地，刘宏邦转向了探测器研制，师从郑阳恒教授，开始了博士研究生阶段的学习。郑阳恒教授既是良师更是益友，刘宏邦深受他朴实坚毅、敢于创新的学术风格影响。在郑阳恒的课题组，刘宏邦与其他成员精诚团结，开展了锲而不舍的钻研和合作，很快完成了博士研究生阶段的学习。

刘宏邦的求学和工作生涯，一路伴随了两位郑老师对他的悉心教导。"老郑"老师就像灯塔一样指引着刘宏邦，引导他发现自己的人生理想，辅导他选定最适合自己的职业，并且一路保驾护航；"小郑"教授则像船长，指导他在实践中发现自己的长处、规避短处，抓住主要矛盾，科学规划，不断创新，持之以恒开展研究工作。两位导师都是刘宏邦科研人生的引路人。

广西大学物理学院于2019年获得物理学博士学位授予资格。而郑志鹏早在二十年前就开始以中国科学院高能物理研究所博士点为平台，招收广西大学毕业的研究生了。最初他在广西大学招的两个博士研究生张琳、董燎原，一位现在在美国著名学术期刊《物理评论》做编辑，工作出色；另一位是中国科学院高能物理研究所研究员、高能物理研究骨干。

2024年，郑志鹏已是84岁高龄。虽然不能再像过去那样奋战在科研第一线，但江山代有人才出，看到自己培养的学生已成为各高校院所的科研骨干或领军人物，正在全面建设社会主义现代化国家的新征程上奋勇前进，郑志鹏感到无比欣慰、无比幸福。

第九章　倾情八桂科教　挺起一流西大

家乡领导登门请贤

1982年，时任广西壮族自治区主席兼广西大学校长的覃应机在北京开全国人民代表大会期间，到郑志鹏的实验室参观时，提到希望他回广西大学任教。郑志鹏说自己负责北京谱仪的工作，离不开这个岗位。覃应机主席提出可以让郑志鹏兼职，给西大的科研、教学以及培养人才等方面出出主意，郑志鹏同意了。1989年，广西大学正式聘郑志鹏兼任副校长。郑志鹏在完成繁重的科研工作之余，还抽空到西大物理系指导工作，帮西大培养研究生。

1994年秋天，郑志鹏又回到西大。一天，时任广西壮族自治区党委副书记的马庆生、丁廷模接见了郑志鹏。两位副书记向他介绍了广西近期的发展及自治区党委加大建设广西大学力度的决心。他们传达了一个重要消息：国家教育委员会（简称"国家教委"，现为教育部）为了提高高校的办学水平，拟在21世纪初，在全国选取100所左右的高校进行重点建设，简称"211工程"。经自治区党委研究，为了实现"科教兴桂"的方针，广西的高等教育水平必须大力加强，因此自治区已经决定，全力办好广西大学，并支持广西大学申请进入"211工程"，以此带动广西教育事业的发展。为此，作为掌舵全局的关键角色，广西大学的校长人选非常重要。

两位领导话锋一转："我们反复考虑，认为请您来担任最合适。"对于领导这"突如其来"的请求，郑志鹏没有任何思想准备，一时间各种思虑涌上心头，谈话的气氛就这样陷入了沉默。此时的郑志鹏内心是矛盾的。从家乡的角度考虑，他承认，依托"211工程"把广西大学建成重点大学是一个千载难逢的机遇。记得父亲郑建宣生前就曾与甘怀义代表广西教育界，在全国人大多次提出"教育部应足够重视，大力支持，将广西唯一的一所综合性大学——广西大学建设成全国重点大学"的提案。遗憾的是，提案一直未能落实。无论是替父亲圆梦，还是为家乡教育出力，郑志鹏都义不容辞。但是，他太爱科学研究了，眼下北京正负电子对撞机的任务正处于关键时刻。无论哪一边因故耽误，都是他不愿看到的，沉重的责任让他的内心难以抉择。

郑志鹏把自己的顾虑和盘托出："当前，中国科学院高能物理研究所最重要的任务是尽快让北京正负电子对撞机出成果，身为所长，如果此时我要当'逃兵'，估计他们不会答应。"求贤心切的广西方面理解郑志鹏的难处，丁廷模给出了一个折中的方案："您能不能兼任，高能所工作不耽误，西大这边把把大方向。"郑志鹏还是心下踌躇："能否两样都做好，我没有把握，只怕我对教育并不熟悉……"另一边，马庆生进一步给他分析利弊："您不是现在还兼任西大副校长吗？应该不存在对教育外行的问题。而您的科研背景以及多年在国外学习、工作的经历对促进西大科研与学科建设是很有优势的。"

面对真诚的家乡领导，郑志鹏顾虑稍缓，表示："兼任副校长我没做太多事情，而兼任校长就不同了，又加上'211工程'的重任，责任大不一样。请让我请示下中国科学院的意见。"两位领导随即给他递上一颗"定心丸"："希望您能认真考虑我们的意见，我们也会与中国科学院沟通。我们保持联系。"

回到北京后，郑志鹏立即打电话给中国科学院院长周光召报告了此事，并请求周院长安排时间面谈。周光召第二天就抽空约见了郑志鹏，他语带坚定，开门见山："我已接到广西区党委的电话，他们的态度很诚恳，十分期待你兼任广西大学校长，领导全校师生参加'211工程'建设。从支援地方教育的角度，我无法拒绝，但是高能所的事情你也必须抓好。北京正负电子对撞机是邓小平同志亲自抓的项目，对撞机建成后必须尽快得到世界一流的物理成果，这是你当所长最重要，也是最迫切的任务。总之两样工作都很重要，希望你能勇敢地把重担挑起来。"

郑志鹏明白，从周光召谈话的语气看，组织上的安排已经基本定调，自己没理由再推辞，但他还是坦白了自己的最后一丝忧虑："我怕能力有限，兼任不好，误了大事。"周光召语气稍缓，半带安慰半带鼓励地对他说："我看不是能力问题，是信心问题。你没试过，怎么知道能力不行？首先要有信心，然后要有解决问题的办法。你要学会'弹钢琴'的工作方法，提高工作效率，调动两边领导班子的积极性。我相信你会两头兼顾好的。"

周光召的鼓励打消了郑志鹏的最后一丝顾虑，"弹钢琴"的工作办法一语惊醒梦中人，于是他不再推托，回复周光召说："谢谢您的提示，我绝不辜负组织的托付和您的期望。"周光召很高兴："你能顾全大局很好，在不耽误高能所工作的同时，为家乡的高校建设作贡献，很有意义。"他还不忘叮嘱郑志鹏："这样两头跑你会很辛苦，要注意身体。有什么困难来找我。"

从周光召的办公室出来，郑志鹏的决心已定，两边组织都给予他关心和信任，他没有理由不干好。于是郑志鹏很快给广西壮族自治区党委两位副书记写了信，表示同意兼任广西大学校长，并表达了团结全校师生一起建好广西大学，争取早日进入"211工程"的决心。

做一名学会"弹钢琴"的校长

1995年2月，郑志鹏被正式任命为广西大学校长，他从北京飞往南宁。自治区党委组织部部长主持召开了全校干部大会，宣读了对郑志鹏的任命。郑志鹏的表态发言简洁而坚定："我愿意和全校师生员工一起努力奋斗，争取在两年内使学校水平有一个大的变化，争取达到国家教育委员会对'211工程'大学的基本要求，顺利通过预审。"他告诉全校师生，自己在中国科学院工作多年，虽然暂时对西大情况了解不多，但是他会一面工作，一面学习，希望全校师生帮助自己，共同努力在西大历史上写下精彩的一页。

校长任期开头的几个月，郑志鹏多番走访，和校领导班子其他成员沟通谈心，跑了不少系和处室，也拜访了侯德彭、陈光旨两位老校长，向老前辈们请教。从他们那里，郑志鹏知道了西大自改革开放以来发展的脉络，深受启迪。几位资深教授满怀期盼地对他说："志鹏校长，'211工程'是一个难得的机会，你们要抓紧啊，使西大面貌有一个大的变化。"郑志鹏回答："一定的，我们绝不辜负老一辈的嘱托。"

广西壮族自治区党委为广西大学配备了得力的党政领导班子，由郑志鹏担任校长，马继汇担任校党委书记，吴恒担任常务副校长。因工作兼顾的安排，郑志鹏要频繁地来往于北京和南宁之间，终究不能常驻西大。他不在西大时，学校日常行政大事由吴恒负责。吴恒经常和郑志鹏通电话，商量、沟通。郑志鹏和吴恒之间很快就形成了工作上的默契，和其他校领导成员的关系也处理得很好，很快在西大师生员工中树立了威信。以后的事实也证明了吴恒是一位十分得力的助手。

郑志鹏充分发扬民主作风，校务有问题就讨论、商议，认真听取不同意见；一旦确定下来的事情必须坚决执行，定期检查执行情况。他想方设法调动全校师生、员工的积极性，按"211工程"标准要求，将广西大学的教学、科研、学科建设、人才培养、管理水平提高到了一个新的层面。

校务会上，大家一起认真分析广西大学的优势和不足：看到优势，可以相互增强信心，鼓舞士气；看到不足，就找到与"211工程"要求的差距，并制定出相应的措施。

校务会成了党政领导班子协商、沟通、统一思想的重要场合。郑志鹏不在西大期间召开的校务会，都会有人将会议纪要传真给他，他也会及时将意见传真回去。遇上重大问题，他则与马继汇书记、吴恒常务副校长电话商议。

全校开了几次动员会，校领导反复强调这次争取进入"211工程"，成为全国重点大学是广西大学历史的机遇，希望全校师生员工动员起来，以此为动力，用实际行动迎接这一挑战。学校的号召与全校师生期盼多年的心愿产生了强烈的共鸣，大家潜藏在内部的能量一下子被激发出来了。在此后一年多的时间里，全校教职员工和同学们思想高度统一，精神面貌焕然一新，办学热情空前高涨。

校领导班子很重要的一个任务，是在吃透国家教委"211工程"建设文件的基础上，尽快确定好广西大学的发展定位。经过几次讨论并听取了自治区党委和政府意见后，这一目标最后确定为：广西大学应建成一所水平较高的地方综合性大学，要为广西培养所需的高层次人才，为广西经济建设和社会发展服务，成为解决广西重大相关科技问题的基地。定位明确了，"211工程"建设的目标就清晰了。此后，根据已有的基础和自治区发展的需求，综合考虑应用和基础两个层面，校领导班子提出了水工结构工程、生化工程、制糖工程等八个重点建设学科的任务计划。重点建设学科需要在教学改革与建设，包括科研、师资队伍、人才培养、管理体制、党建等方面达标。

为了促进刚起步的西大计算机网络中心的工作，郑志鹏利用中国科学院高能物理研究所在全国第一个开通互联网的优势，让西大成为继中国科学院、清华、北大之后最早使用这一通道的学校之一，为西大教师的通信和学术交流争取到先机。

郑志鹏还力促西大物理系加入北京谱仪国际合作组，使他们在参加国际先进水平的研究中得到锻炼。

带领西大挺进"211"

广西壮族自治区党委和政府领导对广西大学申请"211工程"的工作进度非常关心，经常到校进行指导。时任自治区人民政府副主席李振潜和自治区教委主任李林更是常来检查、指导工作，和校领导班子一起制定各种措施，以便使广西大学尽快建设成为"211"重点大学。与此同时，自治区加大了对学校的经费投入，并给予适当的政策倾斜。

为了得到国家教委对学校创建工作的支持，郑志鹏和几位副校长经常向国家教委领导汇报西大在争取进入"211工程"取得的进展，得到了国家教委主任朱开轩和分管"211工程"的教委副主任韦钰的积极回应。

验收全校师生努力成效的时间终于到了。1996年下半年，国家教委决定派专家到西大进行"211工程"预审。收到预审通知时，郑志鹏的心情既兴奋又紧张。为了迎接国家教委的评审，他们开始了一系列的准备。首先是文件准备，西大按国家教委规定的格式准备好各种文件，同时各学院、系、学科则准备各种展览，汇报教学、科研、人才培养方面取得的成绩和未来发展计划。郑志鹏和校领导班子成员预先参观了这些展览并提出改进意见。

郑志鹏的任务是准备好在预审会上代表学校向专家们作主体汇报。要从这么多素材中整理出四十分钟的报告，既要全面，又要简练、重点突出，绝非易事。

郑志鹏在广西大学"211工程"预审会上作汇报

到了通知的预审时间，国家教委派出了以"211工程"办主任赵沁平为首的指导小组，组成了以中国科学院院士、华中理工大学校长杨叔子为组长，江西省教委副主任、南昌大学党委书记周绍森为副组长的预审专家组。专家组成员一共有十位，有两位中国工程院院士，一位中国科学院院士，其余的都是国内知名大学的校（院）长或书记。广西则组成了以李振潜副主席为组长、教委主任李林等为副组长的领导小组。

经过预审大会、预审专家对西大的全面考察及专家组的评议，参评专家一致对西大近年来取得的进展表示了充分肯定，对广西大学提出的自身定位及"211工程"建设目标和措施都给予认同。对西大的弱项，如科研、研究生教育、师资队伍等则提出了许多中肯的改进建议。

专家组最后的评审意见是：

一、广西大学有着悠久的历史，改革开放以来得到了很大发展。广西壮族自治区决定大力支持广西大学进入国家"211工程"建设，国家教委适时批准预审意义重大。

二、广西大学在深化改革、加快建设上取得了显著成绩。

三、在申报"211工程"过程中，广西大学在整体建设，以及重点学科、公共服务体系、教师队伍整体素质建设方面取得了显著进展。所提出的"211工程"总体目标切合实际，符合国家"211工程"建设要求。

四、对学校建设"211工程"的建议是：应加快广西大学与广西农业大学合并，深化教学改革，加强学科建设，注重对区域经济和海洋经济等发展有前导作用的新兴学科的建设。

综上所述，专家组一致建议通过广西大学"211工程"部门预审，并建议尽快对广西大学"211工程"建设进行立项。

广西大学"211工程"通过预审，郑志鹏和校领导班子激动的心情难以形容，全校师生两年的努力终于没有白费。

1996年10月，广西大学申报"211工程"通过国家教委预审的消息传来，全校沸腾，学校专门举办了庆祝大会。当天晚上，学校礼堂座无虚席，群情激昂。虽然好消息此前已经迅速传遍校园，虽然"热烈祝贺广西大学通过'211工程'预审"的大字标语已经赫然悬挂在礼堂上方，但是当郑志鹏代表学校班子宣布"广西大学'211工程'预审正式通过"时，全场师生依然欢呼雀跃，掌声雷动。致辞中，郑志鹏表示这是广西大学第三次创业的开始，他代表全校表达了要把握住这一千载难逢的机会，将广西大学建设成祖国南疆，乃至在东南亚有影响力的大学的决心。望着沸腾的会场，郑志鹏心潮澎湃。他明白，这是广西大学几代人努力的结果，作为曾经深受广西大学培育之恩的西大家属，能在学校重要的发展节点上尽到自己的一份力量，这也是他对学校最好的报答。他为此感到自豪，也足以告慰包括自己父亲在内的一众西大老前辈了。

广西大学申报"211"工程预审通过后在大礼堂举行全校庆祝大会，郑志鹏在台上讲话

通过"211工程"预审，对广西大学来说具有里程碑式意义，是继西大创建、重建后的又一次飞跃，全校师生的努力为西大带来了新的机遇，全广西对广西大学的新未来充满了期待。

郑志鹏回京后给周光召报告了这一消息，周光召高兴地说："你任务完成得很好，对家乡教育做出了自己应有的贡献，高能所的工作也没耽误。但现在对撞机的升级改造任务下达了，任务很重，你要专心投入高能所的工作了。"

1997年初，广西壮族自治区副主席李振潜到北京看望郑志鹏，告诉他自治区党委和政府决定将广西大学与广西农业大学合并，想征求郑志鹏的意见，并希望他继续兼任合并后的广西大学校长。

广西大学毕竟留下了很多自己和师生们一起奋斗的记忆，回想起最初故乡领导邀请自己出任校长的情景，郑志鹏再次陷入了深思：自己的阶段性任务就是带领学校申报"211工程"，所幸不辱家乡使命，而现在自治区已经决定两个学校合并，西大往后的发展依然任重而道远，但中国科学院方面已经明确提出，希望自己把主要精力放在高能物理研究所。作为过来人，他深知西大的新机遇得之不易，那里正需要一个对教育事业有深度认识，并且可以全身心投入学校建设的领航人。两年过去了，自己与西大、与西大师生的情感联结更为紧密，然而纵有不舍，本着为曾经为之奋斗过的学校着想，自己也不能继续身居要职了。

定下主意的郑志鹏婉言谢绝了广西方面的请求，真诚地说明了自己的想法和建议。李振潜副主席对他表示理解，答应向自治区党委和政府转达郑志鹏的决定。

1997年3月，原广西大学与广西农业大学合并组建成新的广西大学。不久，原常务副校长吴恒升任自治区政府副主席。李振潜副主席再次到北京看望郑志鹏，一再感谢他为西大所做的工作，并给他送来一张由自治区政府签发的嘉奖证书，感谢他在广西大学申报"211工程"过程中所作的贡献。郑志鹏对李振潜表示，自己是广西人，而且父母姐妹都在西大工作过，自己也曾在西大附小、附中读书，一家人都与西大情缘深厚，为西大效力是自己理所应当的责任。

引荐世界知名画家　助推西大艺术学科发展

2008年10月31日，广西大学成立艺术学院。为把广西大学艺术学院建设成为在全国有影响的、在华南一流的艺术教育重镇，学院一直在努力引进人才，扩大影响。

广西大学老校长郑志鹏时刻关注着本校的发展，当他得知西大艺术学院求贤若渴的情况后，即向学院引荐自己的至交——世界知名美籍华人画家周氏兄弟。

周氏兄弟（Zhou Brothers）——周氏山作、周氏大荒，当代抽象艺术家，擅长油画、雕塑，现居美国芝加哥，被称为中美友好往来的"艺术大使"。

1987年，周氏兄弟在第69届美国现代艺术大展上获得金奖，开始蜚声国际。此后，他们应邀在"千禧年达沃斯世界经济高峰会"上现场泼墨创作，受到时任美国总统克林顿等好几位国家元首的接见；2006年，周氏兄弟获得"美国林肯金质勋章"，这是华人首次荣获该荣誉；2011年，他们应邀于白宫创作《八位美国总统与中国长城》，该作品被赠予时任国家主席胡锦涛。周氏兄弟的每一次创作，都吸引了艺术圈和媒体圈的高度关注。20世纪90年代起，他们的画展就已经遍布全世界高级画廊和美术馆，其作品名列《纽约时报》等媒体评价的全球在世艺术家作品销售金额排行榜前10位。他们定居的美国伊利诺伊州将10月16日定为"周氏兄弟日"，芝加哥则将35街更名为"周氏兄弟街"，在他们之前美籍华人中还没有得此殊荣者。

周氏兄弟与郑志鹏一家的结识源自20世纪80年代初的一个春节。当时周氏兄弟正在南宁举办画展，他们通过乡情关系向知名同乡——郑建宣教授发来观展邀请。当时，郑建宣因年事已高，身体不便，就让儿子郑志鹏和大女儿郑韵兰前往捧场。本是一次意外的乡情邀约，但来到画展现场，张张精美绝伦、中西合璧且带有浓烈花山色彩、充满想象力的油画作品，还是给自认为对艺术创作比较外行的郑志鹏带来了相当大的震撼。透过熟悉的民族文化符号，从画面喷薄而出的生命力无疑在同为壮族人的郑志鹏心中引起了强烈的共鸣。参观过程中，他便与主展人周氏兄弟热络地交流起来。作为同乡，围绕着花山这个共同的、丰富的乡土话题，他们之间建立起了一种更为亲近的关联，彼此都留下了深刻的印象，展后便互存了联系方式。

20世纪80年代初周氏兄弟在南宁举办画展并与前来观展的宁明籍好友合影
（左一郑韵兰、左二郑志鹏、左三周氏大荒、左四周氏山作、右三甘怀义、右二田克）

回家后，郑志鹏把画展资料拿给父亲，兴奋地介绍着参观画展的情形以及和周氏兄弟交流的过程。郑建宣听着他的介绍，仔细地欣赏着画册，也不禁赞赏周氏兄弟的艺术造诣，为家乡宁明涌现出这样的人才由衷地高兴。

自此之后，郑建宣聊起家乡话题都会赞赏周氏兄弟。终于，他们有机会邀请周氏兄弟到家中做客。那一次聚会由郑志鹏母亲亲自下厨。郑志鹏回忆说，已经年迈的父亲兴致格外地高，和周氏兄弟亲切地交谈。令他意外的是，做了一辈子科学和教育工作的父亲，对周氏兄弟的艺术也有自己的一番见解。郑志鹏记得父亲说，周氏兄弟的画作比较抽象，这在西方可能会找到更多欣赏和接受的人群。周氏兄弟深表认同。同乡加知音，从那以后，郑志鹏和周氏兄弟来往得更多了。

不久后，周氏兄弟将画展办到北京，且颇受欢迎。郑志鹏再次受邀参观，他乡再遇，他们谈得更为投机，甚至发现科学与艺术是相通的，都是人类不屈的求索精神的结晶，都需要执着的追求。三个同乡人更加惺惺相惜。

几年后，周氏兄弟带着他们的画作和身上的二十多美元到美国闯荡。他们在美国的画展非常成功，大受欢迎。就这样，周氏兄弟逐渐在美国站稳了脚跟，并很快发展起来。

1992年，郑志鹏到芝加哥开会，带着美国朋友——费米国家加速器实验室的副所长鲁宾斯坦和中国朋友吴为民去周氏兄弟画廊参观，他们都被周氏兄弟的巨型画作之精美所折服。郑志鹏深知兄弟俩的不易，由衷替他们高兴。

2004年，郑志鹏访问芝加哥周氏兄弟画廊时与他们合影
（左起依次为周氏山作、郑志鹏、周氏大荒）

2016年，郑志鹏向时任广西大学校长赵艳林建议，聘请周氏兄弟为西大艺术学院教授。同年11月9日下午，广西大学隆重举办了世界知名美籍华人画家周氏兄弟聘职典礼。

郑志鹏与周氏山作在广西大学聘任周氏兄弟为艺术学院教授仪式上合影
（左三为郑志鹏，左四为时任广西大学校长赵艳林，右四为周氏山作，右三为时任广西大学副校长毛汉领）

接力服务西大

虽然郑志鹏已不再担任广西大学校长，但他对西大的关心、帮助从来没有停止。

谈到郑志鹏校长，国家高层次青年人才计划入选者，广西大学党委组织部部长、物理科学与工程技术学院（简称"物理学院"）原常务副院长王祥高教授饱含深情地说："郑志鹏校长对物理学院的发展支持很大。我的本科、研究生都是在西大物理学院读的。记得我读本科的时候，从2000年开始，郑校长每年都回广西大学给我们本科生、研究生做报告，向我们展示最新的科学研究成果，让我们开阔了视野，增长了知识。"

为了物理学院事业后继有人，郑志鹏校长促成了中国科学院高能物理研究所与广西大学联合培养研究生的机制。当时，高能物理研究所正致力于北京正负电子对撞机的建造，而北京正负电子对撞机的核心部分北京谱仪由时任中国科学院高能物理研究所所长郑志鹏主要负责，物理学院的学生们可以直接到高能物理研究所参与北京谱仪的科研项目。北京谱仪当时在国际上还是比较前沿的，它对培养年轻科研工作者起到了很大的促进作用。

王祥高感叹道："郑校长创造机遇和平台，让我们接触到了国际级的科学家，让我们学到了很多知识。我和刘宏邦教授等这批年轻人都得益于郑校长的指导和支持。没有这个机会就没有我们今天的发展。"许多与广西大学沾边的科研项目和科研平台，郑志鹏都积极主动地推荐。为了西大纳米材料研究的发展，郑志鹏主动请了一位在纳米技术领域很有建树的院士到物理学院来做报告。这样的事例还有很多。

王祥高印象最深的，是郑志鹏为西大物理学院申报物理学科博士点提供的帮助和支持。2003—2004年，物理学院第一次申报博士点时，正好赶上"非典"疫情，不方便到北京向国务院有关部门专家汇报工作。郑志鹏看在眼里、急在心上，他主动向国务院学位委员会汇报了广西大学物理学院的情况，但是很遗憾，那次申报未获批准。2017年，西大物理学院再次申报博士点，郑志鹏积极争取各方面支持，最终申报获得成功。

郑志鹏为西大物理学院物理学科的发展打下了一片江山，并一路呵护着它茁壮成长。遇到好的人才，他积极举荐；发展遇到问题，他也积极向有关领导反映情况，帮助化解难题。他一有机会就积极向外界介绍西大物理学科的情况。他一直把自己当作西大物理学院的一员，似乎从来就没有离开过。

谈到郑志鹏对自己的影响和培养时，王祥高直言，郑校长与自己亦师亦友，但师友关系又有更高的层次和意义。王祥高在广西大学物理学院就读本科时，有机会聆听郑校长的学术报告，从而了解到北京谱仪是探索物理世界的最好平台。后来他选择读研，正逢中国科学院高能物理研究所和广西大学搭建联合培养机制，便抓住机会进入了高能物理研究所这个科学研究殿堂，并有幸参与了第三代北京谱仪漂移室的建设。当年，虽然他还只是一名普通的研究生，但是只要研究上有需求，郑校长都会耐心帮助解决问题。郑志鹏是师者，是领导，更是位科学家，常常耐心地引导学生怎样从科学的角度从事科研，怎样抓住学科的热点。

2016年郑志鹏在广西大学讲课

2018年12月8日，广西大学成立90周年庆祝大会在西大校园里隆重举行。作为广西大学的老校长，郑志鹏应邀专程从北京回校出席校庆大会。校庆期间，郑建宣先生的塑像在西大校园落成揭幕；广西大学评出健在的90名本校突出贡献者，郑志鹏名列榜首。这体现了广西大学对郑建宣、郑志鹏父子校长的历史功绩的高度肯定。

2018年11月30日郑志鹏在广西大学成立90周年报告会上做报告

1958 年郑建宣任常务副校长协助韦国清校长复建广西大学；1996 年郑志鹏担任校长带领广西大学迈进"211 工程"。广西大学成立 90 多年来，郑建宣、郑志鹏父子在两个关键时间节点对广西大学做出的重要贡献都是广西高等教育发展史上的重要一页。

郑建宣塑像

郑志鹏和广西大学师生在郑建宣雕像前合影

作为广西高校的排头兵，广西大学已进入"双一流"建设的新阶段，郑志鹏的儿子郑阳恒教授也为西大提供热心的帮助。郑阳恒作为美国夏威夷大学粒子物理学博士，中国科学院大学教授、博士研究生导师，接棒父亲郑志鹏，继续为广西大学，尤其是物理学科发展贡献力量。他常常到西大物理学院作学术报告，参加合作研究，为西大培养物理科研人才。

"一流学科"建设最重要的是学科布局，郑阳恒发挥作用，指导广西大学学科建设工作。

历史总会有惊人的相似之处。郑志鹏和他的父亲郑建宣一样，都是著名物理学家，都曾出国深造并师从诺贝尔物理学奖获得者，都曾担任过广西大学校领导，都是那样爱祖国、爱家乡、爱科学，都是为人师表的楷模；郑阳恒继承了祖父和父亲的衣钵，也成了一位颇有建树的青年科学家和物理学教授，同样为广西大学的建设和发展贡献自己的力量。郑氏三代人接力服务西大，书写出一段传奇，已被人们传为佳话。

郑阳恒教授在广西大学讲学

第十章　不忘初心　老骥伏枥

情系故乡宁明

1982年，郑志鹏首次回到了他魂牵梦绕的故乡——宁明探亲。

这次回乡之行，他是代表父亲郑建宣回去的。郑建宣16岁时就离开宁明外出求学，后来再也没机会回去。时任宁明县县长到广西大学拜访郑建宣老校长，邀请他回宁明看看，同时也请他给当地的中学生作励志报告。郑建宣多么想回故乡宁明一趟啊！只是此时他已年近八旬，走动不方便，也只有让大儿子郑志鹏代表他回一趟宁明，完成自己的心愿了。

郑志鹏刚从美国讲学回到北京，接到父亲的通知后立即赶回南宁。他在宁明籍著名水利专家、广西大学土木系主任甘怀义教授儿子甘绍虞的陪同下赶往宁明。经过三个多小时在二级公路上的颠簸，郑志鹏终于回到了故乡。宁明位于祖国边陲，与越南接壤，那里有他们思念的亲人，有一座历史悠久的蓉峰塔，还有一座神奇的花山。

郑志鹏回到宁明后，受到了亲人们的欢迎。他们一起修葺了郑志鹏祖父的坟茔，焚香祭拜。郑志鹏向祖先祭告：父亲严持家训，自己及全家一直遵循传承，踏踏实实做人，认认真真做事，在各自岗位都有所成。

在县长的主持下，郑志鹏分别为宁明中学、海渊中学做了两场励志报告。他鼓励家乡学子："中国人一点不比外国人差，宁明人也一样优秀！"郑志鹏的到来在宁明引起了强烈反响。宁明县的学子们还是第一次近距离感受国内顶尖物理学家的风采，而让他们无比骄傲的是，这位物理学家的家乡同样是宁明。

　　此后，郑志鹏多次回到宁明给家乡的学生、干部做报告。2019年，尽管郑志鹏已是79岁高龄，但他仍回宁明参加促进教育发展座谈会。此外，郑志鹏还利用自己的影响力为促进宁明县文化旅游事业的发展添砖加瓦。

郑志鹏到宁明明江中学做报告

郑志鹏到宁明的中学做报告并接受学生代表献花

郑志鹏以前多次听父亲说过花山，但当他第一次见到花山时，还是被岩画的神秘深深震撼了。祖先留传下来的文化遗产让他既感觉亲切，又心生崇敬。历经两千多年风雨依然鲜红如火的岩画是使用什么颜料画成的，它因何而作，何以能跨越几千年，如此形态各异的岩画又述说着先民们怎样的传奇故事？和众多参观者一样，神秘的花山岩画对郑志鹏有着强大的吸引力。作为宁明籍著名科学家，他也积极为花山岩画的抢救和保护献计献策。

20世纪80年代郑志鹏第一次参观花山时，觉得首先应该确定花山岩画的历史年代，他建议用碳−14法测定，并建议县领导召开专家座谈会，讨论岩画的意义。第二次回到宁明时，郑志鹏在花山遇见了北京的专家王朝闻，两人对首先测出花山岩画年代的意见不谋而合。

好多年前，当地政府请浙江一个施工队来维修岩画，他们提出用打钻的方法固定支架。消息传到郑志鹏耳中，他马上意识到这种方式会引起山体震动，破坏岩画，于是马上与时任广西大学材料科学与工程学院院长曾建民联系，并找到了县领导，千方百计说明利害。后来，时任宁明县委书记刘勇接受了他们的意见，否定了这个方案，换成了一个不用钻洞的做法。

郑志鹏后来又到过几次宁明花山，每次去都有不同的感受。他深深感到宁明历史文化底蕴的深厚，更增添了对家乡的热爱和作为花山之子的自豪感。

历史在两代人之间产生了一种巧妙的联系。郑志鹏的父亲郑建宣79岁时因故未能重回故乡，而郑志鹏在79岁之后更多地与家乡宁明联系在一起，并为家乡的教育和文化事业献策出力，这也算是了却了父愿。在郑志鹏心中，花山文化是神圣的，故乡人民是可爱的，他决心在自己有生之年继续为家乡建设做出更多贡献。

伉俪情深　携手相伴共白头

相濡以沫五十载，

白驹过隙一瞬间。

往事幕幕过如烟，

不觉迎来金婚年。

两地分居不堪言，

终于盼来大团圆。

贤妻良母助事业，

物理世家有传人。

忠贞不渝共白头，

志趣相投美姻缘。

但愿康宁长相守，

喜迎钻石寿延年。

——郑志鹏《庆金婚》

是谁值得年过古稀的郑志鹏深情赋诗，献上这情意浓浓的真情告白？当然只有与郑志鹏携手半世纪的夫人杨云女士了。

郑志鹏与杨云的初识并没有各种戏剧化的大费周章，因为自他们的父辈起，郑、杨两家人便是故交。杨云的父亲杨毓年曾任广西大学土木系教授，他正是由郑建宣聘去讲授理论力学的。后来，杨毓年又任广西建筑科学研究所总工程师多年，设计、建造了南宁老百货大楼等标志性建筑，成为广西著名的建筑学家。杨家有儿女六人，杨云是老二。

杨云在南宁一中完成中学学业后，考上北京农机学院（今中国农业大学）深造。家族故交，又是青梅竹马的郑志鹏、杨云二人走到一起，应该说是水到渠成。1968年，也就是杨云毕业那年，他们在北京结婚。随后，杨云被分配到沈阳拖拉机厂锻造车间工作，而郑志鹏则一直在中国科学院开展研究工作，夫妻经历了几年的两地分居之苦。

郑志鹏与杨云结婚照

1973年，杨云调入中国科学院高能物理研究所从事机械设计工作，夫妻携手开启了共同的科研之路。1984年以后，杨云加入正负电子对撞机项目，参加磁铁、真空有关的机械设计工作。她工作认真负责，为对撞机的建造、实验成果的取得做出了贡献。2002年，杨云被中国科学院高能物理研究所聘为研究员。

大众眼中，从事科学研究的都是天才。他们学识渊博、智慧超群，而他们的事业、成就汇聚起的光环，又往往让他们的生活散发出一种神秘感。

郑志鹏直言，自己有幸与妻子杨云牵手，共同走过五十多年人生，是既充实又幸福的。他们事业上相互理解、同心协力，在生活中则相濡以沫。杨云堪称自己的贤内助，正是因为家中有了贤内助，郑志鹏才能把全部精力投入到科研事业上。

郑志鹏时常回忆，一路走来，自己过往的人生履历不可谓不丰富，虽然名誉、权力、利益萦绕在身边，但他始终两袖清风，自得其乐。在他兼任广西大学副校长、校长的几年间，完全有机会，也有资格获得学校在分房等个人福利上的倾斜照顾，但杨云却说："咱们常在北京，来广西主要是处理学校事务，日常住的时间不多，就不占学校的住房指标了，让给其他更有需要的同志吧。"至今，郑志鹏每年回广西帮助西大工作或探亲，仍住在西大的妹妹家。每每提起，他们夫妇都从不后悔当初的选择。

夫妻恩爱、琴瑟和鸣，郑志鹏和杨云的爱情结晶——儿子郑阳恒，在和睦、幸福的科学之家茁壮成长，子承父业，成了一名颇有建树的青年科学家和物理学教授。

郑阳恒上大学期间与父亲郑志鹏合影

如今，相互扶持走过"金婚"之年的二人，已经成为亲人、朋友们公认的幸福、美满的夫妻典范。这对金婚伉俪虽然已从科研一线上退下来，但是精神矍铄、乐享天伦，让人艳羡。郑志鹏在儿女亲朋为他们举办的五十周年金婚庆宴上动情许愿："我们（离）钻石婚还有十年，争取再过十年邀请大家参加我们的钻石婚庆。"情到深处，唯有以厮守相互成全，那就愿岁月静好，让我们共同期待下一个十年，郑志鹏更加深情款款的甲子告白如约而至吧！

1996年郑志鹏与杨云在北京八大处合影

八十华诞　誉满中外

时间来到了2020年，郑志鹏80岁。

耄耋年华逢盛世，往昔如歌八十秋。来到这世界上的每个人都在书写自己的人生剧本。出身书香门第，求学顶尖学府，治学皆名士，探物理之精微，立身教而育桃李……这些词句或许都可以用来书写郑志鹏的人生。

　　然而，在郑志鹏的诸多经历之中，若以影响力和精力投入的程度而言，他最主要的身份还是一名科学家。人们都知道科学家的功业深刻地影响着国运兴衰，乃至人类的进步，却难以体会这些天才投身科学事业的背后所经历的个人命运沉浮。

　　2020年6月28日，受到疫情影响，近200位亲朋好友在线上为郑志鹏老先生举行了"敢为人先育英才，善思实干结硕果——郑志鹏80寿辰"座谈会。

贺郑志鹏老师八十寿诞图

　　在这场座谈会上，大家都纷纷送上对郑志鹏的生日祝福，传达对他的尊敬和热爱，以下这些寄语也让我们见证了这位物理巨匠硕果累累的学术成就和古朴淳厚的大家风范。

　　中国科学院院士、中国科学院高能物理研究所所长王贻芳：

　　中国科学院高能物理研究所发展到今天，跟郑志鹏老师和他带领的团队几十年的努力奋斗分不开。"文化大革命"以后，在郑老师的带领下，北京谱仪探测器的研制取得了国际瞩目的成就。一个原先完全没有基础的国家研究单位，建成了一个在当时算是相当先进的完整复杂的探测器，非常非常不容易，而且探测器的工作状态非常好。此后，在郑老师的带领下，高能物理研究所取得了非常了不起的物理上的成就，特别是τ轻子质量的测量和R值的测量，使中国的高能物理真正在国际上有了一席之地，有了声誉，有了地位。

中国科学院高能物理研究所网络安全实验室首席科学家、研究员，中国第一条网络主要贡献人许榕生：

据中国互联网协会记载，1993年3月2日中国科学院高能物理研究所通过美国电话电报公司（AT&T）的卫星通道接通到SLAC，然后在1994年4月中国正式加入互联网后，实现了全面、全功能的联通。1993年郑志鹏老师任高能物理研究所所长，在郑所长的批准下，高能物理研究所计算中心订购了互联网最重要的路由器设备（思科公司第一台进入中国的网络设备），开始着手到北京市电信局洽谈租用国际专线的手续与各项技术准备，并把开通计算机国际专线这项任务交给了我。高能物理研究所在1993年开通计算机国际专线后，国家自然科学基金委支持并要求高能所网络向国内科学家、教授部分开放使用，并推荐一批课题负责人通过这条专线使用互联网部分功能。这批专家与教授和高能物理研究所的科研人员率先成为中国互联网第一拨"冲浪者"。如果没有郑志鹏老师的促成，高能物理研究所不可能这么快开通互联网，中国互联网的出现也会推迟很多年。如果说在中国的互联网事业中高能物理研究所曾经留下了光辉的一页，那么应该说郑志鹏所长在幕前幕后都是功臣。

中国科学院院士、北京大学教授赵光达：

郑志鹏老师长期主持（中国科学院高能物理研究所）的工作，在高能物理的研究方面做出了非常重要的贡献。他亲自参与、主持的 τ 轻子质量的精确测量，是高能物理非常重要的一项成果；他筹备和主持的对 R 值的精确测量，是高能物理另一项非常重要的成果。他对中国高校参与北京谱仪的工作，包括理论家和实验家的工作，都是持积极支持和鼓励的态度。

中国科学院院士、中国科学技术大学教授赵政国总结和介绍了郑志鹏各阶段的重要科研成果和所获重要奖项，并对郑志鹏对中国高能物理研究的突出贡献表示了由衷的钦佩。

时任广西大学物理学院院长梁恩维教授（现为广西大学党委常委、副校长）代表广西大学发来贺词：三十春秋情倾八桂科教，数度担当挺起一流西大。祝贺老校长郑志鹏教授八十华诞，并对他为广西大学做出的重要贡献表示感谢。

"沃土勤耕耘，桃李满天下"，遍布海内外的学生们对恩师的感谢和祝福也纷至沓来：感谢郑老师引领自己进入高能物理实验领域，使自己找到了终生的志业并以此为荣；致敬郑老师对高能物理事业的贡献，感谢郑老师对自己的教育和培养；热情宽厚，睿智博学；探幽入微，奉献高能；为师为德，晚生榜样；祝福先生寿诞快乐……圆满的八十寿辰座谈会充满了幸福和喜悦。

作为一名科学家，郑志鹏在青壮年时就走在科研道路上，步伐沉稳有力，而今到了暮年，郑志鹏依然发挥余热，默默奉献。

郑志鹏是一位奋进者、一位创新者，又是一位仁者。"生命不息，奋斗不止"，他用自己的科学研究生涯诠释了这样的人生境界。

实至名归　荣获中国物理学会终身贡献奖

郑志鹏退休以后，始终没有忘记他一生从事的高能物理事业，关心该领域发展。他喜欢与他曾经的学生以及年轻人讨论物理问题，还积极参与中国科学院高能物理研究所所志的撰写。他应邀到中国科学技术大学、广西大学、清华大学、山东大学、南开大学、华中师范大学、吉林大学、河南师范大学、广西师范大学、兰州大学、湖南大学等高校进行讲学及学术交流。他把思考问题、研究物理、探索未知视为一种乐趣，这也成为了他生活中不可或缺的一部份。他乐观、豁达，生活有规律，坚持散步等体育锻炼，至今已过八十仍然活动自如、思维敏捷、生活充实。

牛顿说："如果说我比别人看得更远些，那是因为我站在巨人的肩膀上。"一回首，从中科大的庄严学堂中走出，被选派至德国深造，归来参与北京正负电子对撞机（BEPC）制造，主持在北京谱仪上测量τ轻子质量，给出希格斯粒子质量上限，再到主编《中国物理C》、掌舵广西大学……郑志鹏在60余年的学术经历中，有幸得到了父亲郑建宣，以及赵忠尧、丁肇中、李政道等一众前辈大师的启迪与点拨，筚路蓝缕，拓石留痕，逐渐地，他的名字也在物理研究的殿堂之中居于大师之列，备受景仰。

2022年，中国物理学会在成立90周年纪念大会上公布了10位物理学家获首批中国物理学会终身贡献奖，郑志鹏赫然在列，与他一同获奖的还有周光召、赵凯华、陈佳洱、王乃彦、甘子钊、杨国桢、杜祥琬、赵光达、赵忠贤9位星光熠熠的大家。2023年，由中国物理学会主编的《中国科学技术专家传略·理学编·物理学卷5》也收录了郑志鹏的传略及其研究成果。这是中国物理学会对郑志鹏的科研成就和学界贡献的高度肯定，在物理学界引起了热烈反响。让我们一起向前辈们致敬，在传承中汲取前行的力量，为实现中华民族伟大复兴而不懈奋斗！

附　录

寻根——郑志鹏访出生地全州

　　2021年金秋十月，郑志鹏也已是年届八旬的退休老人，提出要回一趟全州。

　　郑志鹏夫妇先从北京飞到桂林，停留讲学数日，后由亲友陪同，北上全州。他们来到当年抗战走难时经停的才湾镇李家材，而后进入县城，走进已见荒芜的曹家园子——郑家孩子们幼时的乐园。

　　在那时的全州城，曹姓不算大姓，但是广有田宅，因此有"曹半城"之说。郑家子女的舅妈曹颖，便是来自县城的曹家。据跟着曹颖长大的蒋荣芳回忆，外婆家的后院便连着曹家园子，园里有池塘、水井和花圃，还有高大的皂荚树和一大片果树林。荣芳每天放学回家后，就带着寄居全州的韵蓉一起玩。她们采摘鲜花，捕捉鸣蝉，在草地上追逐嬉戏。

　　秋天到了，柚子熟了，荣芳和舅妈陆陆续续摘了三个月，才告换季。两人把又大又黄的沙田柚堆到路边，任由买家选购。外婆有时也带韵蓉来到柚子林，果园里充满了丰收的喜悦，洋溢着欢声笑语。

　　参观完曹家园，郑志鹏一行便要寻找外婆的家。它位于全州城的一条老街市边上，这条老街曾经叫作县前街，即县衙门前的街道，如今叫建设街。街边货物琳琅，摆卖着火筷、老鼠夹、菜种、各式农具以及老年人适用的厚实衣物，还有杂货铺和旧式理发店，处处透露着当地阜盛的五岭传统农耕文明。

郑志鹏依照道路方向、古井位置和记忆中老房子的造型，终于确定了当年外婆房宅的位置。郑志鹏喜笑颜开，在此开店的街坊邻里也跟着笑颜绽放。

当年，郑家生活在桂林，郑志鹏在将军桥读西大附小，后来到良丰读初中。外婆便是从这里出发，拎着全州土产的腊肉、豆豉和豆腐干到桂林看望外孙们。

1959年，已经同时考上中国科技大学的郑志鹏、郑志坚，从南宁赴北京上学。两人根据妈妈的提议，特意在全州下火车来寻找和看望外婆。外婆住在喧闹的街边一间长十来米、宽约三米的窄房子里，卧床顺着墙根铺设。那一晚，哥俩挤在一张床上，外婆把唯一的蚊帐挪给他们。

多少年过去了，全州依然草木丰茂，湘江迢迢北逝。这真是一片肥沃的土地，它养育了许多树，开出许多漂亮的花。

此次回全州，郑志鹏还找到了少年时拜访过的程义生中医堂。当年，外婆特意嘱咐哥俩去看望坐诊医生程金仪，以感谢平日的关照。程医生医德甚高，对穷人不仅不收诊费，有时还免费送药。见郑家兄弟来到，程医生叫两人先等一等，他要抓紧给排队候诊的病人看完病。

确实，外婆长期生活在全州，得到了程医生的不少关照。1960年外婆闹过一场大病，发烧咳痰，卧床不起。开始以为是肺痨，又传闻"十痨九死"，大家都很担心。郑家大女儿韵萍，当时与丈夫生活在成都电讯工程学院（今电子科技大学），随即赶到全州照料。当时来探望的亲戚很多，外婆的家里窄，舅妈便把大家安置到曹家园。韵萍则主动提出留下值夜照顾，煎药、喂药、搞卫生，说自己从小就是跟外婆睡的，应当如此。最后，靠着程医生仔细诊断，巧妙开方，外婆才得以迅速康复，摆脱了危情。

程医生的儿子程沛彬，这次与郑家重新联系上。程沛彬先生子承父业，接掌了义生堂，如今还在全州街边悬壶济世。

时光荏苒，转眼已是多年过去，回首往事，仍有无尽的余韵流响。

郑志鹏在全州旧巷寻访出生地